LE GÉNÉRAL TROCHU

DEVANT

L'HISTOIRE

LE
GÉNÉRAL TROCHU

DEVANT

L'HISTOIRE

Extrait du *Diario del sitio de Paris*

PAR

A. BORREGO

traduit de l'espagnol par

LOUIS GERDEBAT

Chevalier de l'ordre d'Isabelle-la-Catholique

PARIS

LIBRAIRIE GÉNÉRALE

DÉPOT CENTRAL DES ÉDITEURS

72, boulevard Haussmann, et rue du Havre

BRUXELLES	VERSAILLES
OFFICE DE PUBLICITÉ	CHEZ O. BERNARD

Tous droits réservés.

Avant-Propos

Le siége de Paris par les Allemands a inspiré plusieurs ouvrages à des étrangers qui résidèrent parmi nous pendant les cinq mois du blocus. Parmi ces livres il s'en trouve un, écrit dans sa langue par un Espagnol, M. Andres Borrego, fort connu dans le monde politique et littéraire, livre portant pour titre :

Diario del sitio de Paris

Historia de la guerra en general y en particular de los sucesos acaecidos en dicha capital desde la caida del imperio hasta la capitulacion de la misma.

M. Andres Borrego, qui aime sincèrement la France, est un publiciste dont le talent égale la fidélité aux principes libéraux dont il a été le champion constant pendant quarante ans.

M. Borrego fit ses études en France. Émigré politique au moment où éclata la révolution de Juillet 1830, il se battit courageusement dans les rangs des défenseurs de la liberté.

Il n'aurait tenu qu'à lui de devenir Français à cette époque, car la commission municipale, voulant récompenser les services rendus par M. Borrego dans ces journées mémorables, fit un arrêté invitant le gouvernement à demander pour lui aux Chambres des lettres de grande naturalisation; mais M. Borrego, guidé par le plus pur patriotisme, ne crut pas devoir profiter d'un coup de fortune pour changer de nationalité.

Rentré en Espagne à la mort du roi Ferdinand VII, M. Borrego y devint l'apôtre et le propagateur des doctrines constitutionnelles les plus éclairées; étant parvenu à donner à sa parole et à ses livres une autorité qui commande le respect de ses adversaires eux-mêmes, il s'est fait accepter de tous les partis.

Selon ce savant publiciste, le gouvernement constitutionnel-monarchique, loyalement maintenu et appliqué, donne autant de garanties à la liberté que la république et convient mieux aux nations de race latine.

Son livre, rédigé en forme de journal, raconte les événements jour par jour, en les envisageant d'une manière large en même temps que sympathique pour la France. Il discute toutes les grandes questions tant politiques que de droit public que la guerre a fait surgir, et jette ainsi la plus vive lumière sur les sujets qu'il traite.

Les pages de ce livre sont empreintes d'une rare impartialité et donnent la mesure d'un jugement aussi sûr qu'exercé. Elles témoignent hautement des opinions libérales de l'auteur et ne laissent aucun doute qu'il ne partageât la confiance sans bornes, que l'opinion publique accorda au général Trochu au moment où il prit le commandement militaire de Paris et plus tard la présidence du gouvernement de la défense nationale.

Cependant, tout en signalant, dès le principe, les fautes militaires qui furent commises, l'auteur le fait sans amertume et sans perdre l'espoir attaché à la haute idée qu'il s'était faite du caractère et de la capacité du gouverneur de Paris.

Néanmoins, à mesure que les fautes s'accumulaient et faisaient entrevoir des conséquences terribles, l'auteur sentit avec tristesse se dissiper ses illusions sur les opérations de l'armée de Paris et s'ébranler sa confiance dans les capacités du général Trochu.

Une fois la catastrophe arrivée, les termes de la capitulation appelèrent nécessairement le jugement de l'auteur sur la conduite générale du siége et ce jugement, on ne saurait se le dissimuler, est assez sévère à l'égard du gouverneur de Paris.

Se considérant comme moralement responsable des opinions par lui émises, l'auteur a cru de son devoir de peser consciencieusement la valeur des arguments contenus dans le discours prononcé par le général devant l'Assemblée de Versailles et d'examiner jusqu'à quel point l'éloquente défense de M. Trochu confirme ou affaiblit les jugements antérieurement portés dans son livre sur la campagne de Paris.

Pour obéir à ce sentiment de justice, M. Andres Borrego se livre à l'analyse du discours, le discute, compare les assertions, les données, les raisonnements du général avec ses conclusions personnelles et termine par l'exposition de ce qu'il considère comme l'opinion plausible de la postérité sur la conduite politique et militaire de l'ex-gouverneur de Paris.

L'intérêt historique qu'offre un travail aussi complet et aussi consciencieux, nous a suggéré l'idée de traduire du livre de M. Borrego les deux fragments relatifs aux questions contradictoirement traitées par lui et par M. le général Trochu.

Nous nous abstiendrons, pour notre compte, de nous prononcer dans la vive polémique engagée entre l'organe de l'accusation et l'organe de la défense.

Nous observerons seulement que l'écrivain dont nous traduisons la pensée, s'exprime avec la plus parfaite convenance et sait allier à l'énergie d'une conviction profonde un ton d'élévation et de dignité dont il ne se départ jamais.

Louis GERDEBAT.

En apprenant que le général Trochu avait déclaré devant l'Assemblée de Versailles qu'il se proposait de parler sur les événements relatifs au siège de Paris, l'auteur de l'ouvrage dont nous allons donner des extraits, ajouta à son livre les pages suivantes :

« Notre manuscrit était déjà en route pour Madrid, lorsque nous avons eu connaissance de l'intention déclarée par le général Trochu de relever les critiques dont son commandement a été l'objet et d'expliquer les causes des désastres subis dans la dernière guerre.

« Les paroles de M. le général ne font simplement qu'annoncer le sujet qu'il se propose de traiter. Nous attendrons donc qu'il ait parlé pour juger jusqu'à quel point l'exposé de l'ex-gouverneur de Paris pourra modifier notre récit, ainsi que nos appréciations relatives au siège et aux événements qui s'y rapportent.

« Nous regarderons toutefois comme étrangères à notre tâche les causes non immédiates auxquelles le général Trochu attribue les revers de l'armée française et nous nous dispenserons, en conséquence, de le suivre sur ce terrain.

« Nous nous abstiendrons également de discuter les opinions de M. Trochu sur les particularités du caractère français, auxquelles il rattache en grande partie, la triste issue de la guerre. Sans rechercher jusqu'à quel point le général est autorisé à conclure que la défense de Paris devint extrêmement difficile après les déroutes de Wissembourg, de Reischoffen et le désastre de Sedan, à notre avis, néanmoins, cette considération ne saurait exclure la responsabilité encourue volontairement par lui, pas plus qu'elle ne peut soustraire cette même responsabilité aux conséquences de sa gestion des affaires publiques.

« Le seul argument qu'il nous incombe de rétorquer afin de ne point laisser infirmer les conclusions de notre livre, a trait à la question de savoir si la défense sut réellement utiliser tous les éléments qu'elle avait à sa disposition, si un emploi plus énergique et plus intelligent des moyens dont elle disposait, aurait pu conduire à un dénoûment moins désastreux.

« C'est dans ce cadre que nous renfermerons les observations que nous suggérera la discussion dont M. le général Trochu se propose d'occuper prochainement l'Assemblée. »

Depuis que ces lignes ont été écrites et envoyées à Madrid pour faire suite au manuscrit alors sous presse, le général, dégageant sa parole, a prononcé le remarquable discours connu du monde entier et destiné à devenir une pièce indispensable pour la solution du grand problème, à la fois politique et militaire, que le futur historien du siége de Paris est appelé à résoudre.

L'exposé apologétique de M. le général une fois connu, c'était au tour de notre auteur de s'acquitter de l'engagement qu'il avait pris ; c'est ce qu'il fit dans les termes dont nous allons rendre compte.

Son ouvrage se trouve naturellement divisé en deux parties distinctes quoique formant un tout homogène.

La première renferme ce que l'auteur écrivait à la date du 2 février, c'est-à-dire au moment même de clore son livre, résumé du siége et de son jugement sur la manière dont il avait été conduit.

La seconde partie se compose du travail auquel a donné lieu le discours du général Trochu. Elle a pour but d'en apprécier la valeur historique et de justifier l'opinion émise par l'auteur sur la campagne de Paris et sur la gestion des affaires de la France confiée aux soins du général Trochu.

L. G.

LE GÉNÉRAL TROCHU

DEVANT

L'HISTOIRE

<hr>

PREMIÈRE PARTIE

Synthèse de la défense de Paris contre les Prussiens. — Examen des actes de M. le général Trochu comme président du gouvernement de la défense nationale et comme général en chef de l'armée de Paris.

EXTRAIT DU *Journal du Siége.*

Le 2 février 1871.

Le général Trochu vient d'adresser à M. Dufaure, président du Comité libéral de la fusion républicaine, une lettre dans laquelle il décline la candidature qui lui a été offerte pour la députation de Paris, en se fondant sur ce que, dans sa proclamation en date du 18 août, au moment de prendre possession du gouvernement de Paris, il avait déclaré que la mission qu'il acceptait, devrait se terminer avec les événements qui avaient donné lieu à sa nomination.

Comme il ne nous est guère possible, dans un travail qui n'a pour but que de résumer l'histoire de ce siége, de ne pas prendre en considération la part de mérite et de blâme qui s'attache au chef que la défense nationale s'était donné, le moment est venu d'apprécier les actes de ce chef et de nous rendre compte de la manière dont il a rempli la tâche d'honneur que lui avait confiée l'Empire et que Paris et la France s'étaient empressés de ratifier.

Si le général Trochu n'avait été qu'un simple gouverneur militaire d'une place de guerre, il n'y aurait pas lieu de lui disputer qu'il en a rempli les devoirs avec dévouement et fidélité. Mais ce n'est pas seulement à ce point de vue que nous avons à juger l'homme dont nous sommes appelé à apprécier la conduite.

Au moment où il acceptait de l'empereur Napoléon III, l'importante charge de gouverneur de Paris, le général Trochu était le représentant de cette partie de l'armée qui faisait une opposition à la fois scientifique et libérale au système militaire de l'Empire. Cette situation, rehaussée encore par l'importance du commandement de Paris, imposait au général des devoirs complexes, s'il restait conséquent avec ses principes tout en répondant à la confiance que lui accordait le chef de l'État.

C'était donc, en réalité, sur le général Trochu et sur le ministre de la guerre, le comte de Palikao, que pesaient de fait, dans cette situation critique, les devoirs imposés par la nécessité de pourvoir à la défense de la capitale et par suite de la France, car ils disposaient des pouvoirs les plus étendus pour faire adopter toutes les mesures exigées par les circonstances, en même temps qu'ils étaient les mieux placés pour adresser au monarque, si imprudemment engagé dans cette guerre funeste, des conseils propres à l'éclairer et à redresser le malheureux plan de campagne qui menaçait de porter les derniers coups à la fortune de la France.

Il est à notre connaissance que M. le général Trochu eut à cette époque communication de lettres officieuses par lesquelles un sincère ami de la France l'engageait à employer toute son influence pour arrêter le maréchal de Mac-Mahon dans sa marche fatale vers le Nord, et lui démontrait l'avantage d'adopter un système purement défensif jusqu'au moment où seraient organisées les nouvelles armées dont le Corps législatif venait de décréter la formation.

Nous n'examinerons pas si M. le général Trochu usa de toute son influence pour faire sentir le danger de l'opération militaire qui devait conduire nos troupes à la catastrophe de Sedan ; nous ne parlerons que des actes qui appartiennent en propre au gouvernement de Paris. Rien ne révèle plus clairement la pensée toute personnelle dont il était animé, que le document dans lequel le général consigna hautement la manière dont il entendait s'acquitter de la charge à l'exercice de laquelle, selon lui, il apportait des idées dont il se réservait les moyens d'application.

Qu'on lise attentivement, en effet, la proclamation du général Trochu au peuple et à l'armée au moment où il prit possession du gouvernement de Paris, et l'on y verra clairement le but du général de s'appuyer sur l'opinion publique en la dirigeant. Il affirme qu'il compte sur elle, et il s'exprime de manière à faire comprendre qu'il s'adresse à l'esprit d'opposition qui prévaut à Paris, opposition foncièrement anti-bonapartiste et à laquelle le général semble dire : « *Ayez confiance en moi comme moi-même j'ai confiance en vous.* »

Parmi les habitants de Paris capables de se former une opinion politique, nul ne put méconnaître que cette proclamation rendait le général Trochu maître de la volonté des Parisiens, et qu'elle subordonnait dès ce moment à la coopération du général le résultat des manifestations populaires qui, selon toutes les prévisions, ne manqueraient pas d'éclater à l'annonce de nouveaux désastres. Il n'aurait pas été nécessaire de recourir à des moyens de répression auxquels d'ailleurs le gouverneur de Paris s'était montré entièrement opposé, pour arrêter le cours des démonstrations qui pouvaient compromettre l'ordre public et la sûreté du gouvernement. La garde nationale entièrement dévouée à sa personne aurait secondé toutes les mesures d'ordre et de sûreté qu'il aurait jugées nécessaires, sans qu'il eût couru le moindre risque de verser une seule goutte de sang.

Toutefois, avouons-le, après la capitulation de Sedan, il n'aurait guère été possible d'empêcher un changement radical dans la forme du gouvernement. L'Empire ne pouvait survivre à l'humiliation dont son chef avait couvert la France. L'homme qui ne sut pas mourir à Sedan afin de ne pas assister à la capitulation de son armée, ne pouvait plus léguer à sa courageuse compagne la force morale dont elle aurait eu besoin pour conserver la couronne au prince Impérial; mais au prix de la déchéance devenue inévitable, le Corps législatif aurait pu éviter une révolution, toujours dangereuse dans de pareils moments et créer un gouvernement de la défense nationale qui eût pourvu aux nécessités de la situation, en faisant appel à toutes les opinions et en conservant intacts les droits de la France jusqu'au moment où une future Assemblée constituante en aurait réglé les destinées.

L'opposition libérale du Corps législatif penchait ouvertement vers cette solution que la majorité dominée par les circonstances aurait fini par adopter et à laquelle l'opposition républicaine elle-même se serait ralliée si elle n'eût trouvé dans le gouverneur de Paris un coopérateur, un auxiliaire, un chef prêt à recueillir l'héritage de l'émeute du 4 septembre. Le lendemain de cette journée fut, comme chacun le sait, l'œuvre d'un millier de républicains de Belleville qui, ayant revêtu pour cette occasion le costume de gardes nationales, pénétrèrent dans le palais du quai d'Orsay, envahirent l'enceinte législative et en chassèrent les députés au moment même où ils étaient disposés à voter la proposition de M. Thiers, en tous points conforme au dénoûment que nous venons d'indiquer.

Il aurait suffi, pour mettre un terme au scandale de cette journée, que le général Trochu, à la tête de quelques bataillons de la garde nationale, se fût donné la peine de se diriger sur le quai d'Orsay et se fût mis à la disposition des élus du suffrage universel que naguère l'opinion publique avait salués comme le résultat d'une élection où le triomphe était demeuré à la France libérale, car, bien que, relativement au nombre, les candidats du gouvernement fussent en majorité, la pression de l'opinion publique dominait la Chambre comme elle dominait le pays.

Mais tout autre fut la conduite du gouverneur de Paris. Elle permit aux groupes de Belleville de profiter de ce moment de confusion pour se porter comme les représentants légitimes de la volonté du peuple, et pour pénétrer sans obstacle dans la Chambre. Ce mouvement avait été évidemment préparé par les députés de Paris dans le but de s'emparer du gouvernement, en substituant la volonté de leurs partisans aux droits sacrés de la nation, et ils étaient d'autant plus sûrs de réussir dans leur tentative, que M. le gouverneur de Paris était le chef qu'ils allaient mettre à la tête du gouvernement révolutionnaire.

Il y a des faits d'une telle évidence que leur perpétration dispense d'apporter des preuves à l'appui. Il devient dès lors oiseux de nous arrêter à rechercher la nature des conventions, des explications ou des pourparlers, qui purent avoir eu lieu entre M. le général Trochu et les députés de Paris.

Quelle que fût leur ardeur républicaine, ces hom-

mes, au fond consciencieux et honnêtes, ne se seraient jamais aventurés à accepter la responsabilité
d'une révolution qui aurait fini par l'anarchie, s'ils
n'avaient pas été certains de la coopération du gouverneur de Paris pour la conservation du repos public, pour la protection des personnes et des pro-
priétés.

Il ne saurait donc être douteux, que M. le général
Trochu fut le génie, le *fiat lux* de la révolution du
4 septembre, révolution qui mit la France entre ses
mains et celles de MM. Jules Favre et Gambetta, qui
étaient sans contredit, les trois personnalités domi-
nantes de la situation ; car, malgré leurs excellentes
qualités personnelles, les autres personnages qui ont
composé le gouvernement provisoire, n'étaient en
réalité que des littérateurs, des professeurs et des
avocats de second ordre.

Mais abordons la question en face.

Qu'a fait le général Trochu, devenu le chef du gouvernement? De quelle manière a-t-il rempli sa mission de défenseur de Paris et de sauveur de la France?

Nous ne marchanderons pas les éloges mérités au
gouverneur de Paris, et nous reconnaîtrons volontiers
tout le bien qu'il est possible de lui attribuer, afin de
dégager notre conscience de tout soupçon d'injustice
et de partialité. Nous avouerons donc que Paris et
ses fortifications n'étaient pas organisés pour la résistance au moment où les Prussiens arrivèrent en vue
de la capitale. Si l'ennemi avait tenté avec vigueur
une attaque de vive force, dans les premiers jours de
septembre, il est très-possible qu'il se fût rendu
maître de Paris. Que cette œuvre soit due à l'initiative
du général Trochu, ou que l'on doive en rapporter
l'honneur au génie militaire ou au génie civil, il est
incontestable que les forts, l'enceinte et toute la partie

relative aux fortifications se trouvèrent en parfait état de résister à l'ennemi trois semaines après l'investissement. Ajoutons encore que le général Trochu a rendu d'incontestables services à l'ordre public en comprimant de tout son pouvoir la licence et les efforts de la démagogie. L'ardeur et la persévérance du gouverneur de Paris à pourvoir à l'entretien de l'armée, à la fonte des canons, au perfectionnement de l'armement, lui donneraient droit aux éloges les plus mérités, si cette armée et ce matériel de guerre formés par ses soins avaient servi à autre chose qu'à être livrés intacts et en bloc à l'ennemi. Aussi le répétons-nous : s'il ne devait être jugé que comme gouverneur d'une place forte, M. le général Trochu trouverait sans difficulté des juges indulgents.

Mais en sera-t-il de même si l'on apprécie sa conduite comme chef du gouvernement, comme inspirateur des plans de campagne suivis par les armées de province? Comment un homme de la capacité politique généralement attribuée au général Trochu, a-t-il pu méconnaître la nécessité de pourvoir, dès la chute de l'Empire, la France d'un gouvernement capable d'organiser la défense en mettant à profit toutes les ressources du pays? Le général Trochu et ses collègues enfermés dans Paris ne pouvaient gouverner la France ni imprimer aux mesures à prendre ce vigoureux élan réclamé par les circonstances. Comment put-il prendre au sérieux l'envoi à Tours de cette délégation sénile composée de MM. Crémieux et Glais-Bizoin doublés de M. l'amiral Fourichon, et investie des fonctions de pouvoir exécutif? Pensa-t-il en combler le vide par l'adjonction de M. Gambetta, homme dont l'ardeur et la fougue ne pouvaient remplacer le prestige et l'autorité morale nécessaires à l'homme qui voudrait gagner la confiance du pays tout entier, de toutes les classes, de toutes les opinions, et devenir en un mot le représentant de tous les intérêts?

Comprendra-t-on qu'un homme de la mûre expérience de M. le général Trochu, ait commis la faute
de confier à M. Gambetta les pouvoirs absolus qui firent de ce boute-feu, de cet aveugle sectaire, le dicta-
teur d'une nation dont les profonds instincts ne pouvaient être remués que par les ressorts puissants d'un
prestige et d'une moralité universellement reconnus ?

L'étroit horizon dans lequel se laissa enfermer le
général Trochu à la suite de la journée du 4 septembre, journée qui, nous l'avons déjà dit, fut plutôt
son ouvrage que celui des émeutiers de Belleville, ne
lui a pas permis d'aller chercher là où il aurait pu les
trouver les grands talents et les grands caractères
dont le concours aurait été si précieux. Ce devoir s'imposait d'autant plus impérieusement que le gouvernement de la défense nationale ayant ajourné indéfi-
niment la convocation d'une Assemblée nationale
hautement demandée par l'opinion publique, aurait
dû combler cette lacune en s'associant des hommes
dont le prestige aurait rallié dans les provinces le
concours de tous les bons citoyens.

Pour n'en avoir pas agi ainsi, la seule raison, et encore contestable, que l'on puisse alléguer, n'est autre
que la faiblesse et la coupable condescendance du
gouvernement qui le poussaient à s'incliner devant
l'intérêt de parti, à céder toujours et partout à l'influence du puritanisme républicain, qu'on laissa se
substituer aux intérêts de la nation dont le salut né-
cessitait l'union de tous les partis et de toutes les
opinions.

Nous venons de démontrer que le général Trochu
méconnut les intérêts du pays et les sacrifia, par suite
d'une fausse appréciation, aux intérêts de la république, plaçant en seconde ligne les nécessités de la
défense nationale, dont le triomphe cependant aurait
été le véritable point d'appui du régime qu'il se proposait de faire prévaloir.

Voyons maintenant comment le général Trochu a rempli sa mission de chef de la république et de généralissime de ses armées. Il devait être de toute évidence pour le général comme pour tout homme sensé, que la journée du 4 septembre avait placé Paris et la Nation dans la crise la plus périlleuse que la France eût jamais traversée, car la France se trouvait devant un ennemi victorieux, sans armées prêtes à lui opposer, armées dont la levée et l'organisation allaient demander un certain laps de temps qu'il fallait gagner à tout prix, situation que ne manquerait pas de mettre à profit le vainqueur parfaitement en mesure de se porter sur tous les points de notre territoire.

Nous ne nous étendrons pas au sujet des mesures qui auraient dû être prises en temps utile pour l'évacuation de la population non combattante de Paris, évacuation pour laquelle on avait eu le temps et les moyens nécessaires depuis le 4 septembre jusqu'au jour où l'investissement complet de Paris interrompit les communications entre la capitale et les départements. Nous avons démontré cela dans les pages du *Journal du Siége*.

Chacun comprend d'ailleurs l'importance de ces mesures ainsi que celles du système qui aurait dû être employé pour assurer l'organisation d'armées capables de prendre en temps opportun une offensive vigoureuse. Nous voulons seulement nous occuper de ce qui a rapport à l'armée de Paris.

On ne conçoit vraiment pas comment un homme de la capacité attribuée à M. le général Trochu, a pu méconnaître que la formation et la mise en ligne des armées sur le concours desquelles il fondait le succès de son système de défense de la capitale devaient forcément être une opération de longue haleine. Dès lors il devenait évident qu'il fallait agir de manière à prolonger le siége de Paris beaucoup au delà des deux ou trois mois qui, dans une guerre ordinaire,

auraient suffi pour attendre l'arrivée des armées de
secours.

Or, pour rendre possible la prolongation du
siége, puisqu'on n'avait pas employé en temps utile
la mesure salutaire de déverser sur les départements
la grande masse inutile de la population de Paris, il
fallait y remédier au moyen d'opérations concentrées
sur la capitale et par l'emploi de ses propres ressources militaires, suppléant ainsi au danger créé par
la certitude où le général devait être de ne pas voir
arriver les armées de secours, avant l'épuisement des
vivres qu'on savait parfaitement ne pas pouvoir
mener au delà de trois ou quatre mois au plus.

Devant une semblable perspective, un chef vraiment capable aurait eu recours à un des trois moyens
que nous allons indiquer. Le plus simple, le plus
facile, le plus direct de ces moyens de défense, était
d'appliquer sur une grande échelle le procédé qui, lors
du siége de Sébastopol, rendit à jamais célèbre le
nom du général Totleben. Un second moyen consistait à répéter des sorties journalières dirigées de
manière à inquiéter l'ennemi, à le tracasser, à lui
faire perdre du monde. Restait enfin le plus puissant
de tous, mais aussi, avouons-le, le plus difficile. Il
n'aurait pas toutefois offert des obstacles insurmonta-
bles à des hommes de guerre de la trempe d'Annibal,
de Napoléon Ier ou du duc de Wellington. Un général
de leur école ou même un élève de M. de Moltke aurait su tirer de l'armée disponible de Paris un tout
autre parti que celui qu'en a malheureusement tiré
le général Trochu. Nul homme ayant l'intelligence
des choses de la guerre et ayant conscience des moyens
de faire face à une grande crise nationale, n'aurait
pas hésité à avoir recours à la population de Paris
pour en faire sortir, — mesure dont l'expérience a
prouvé l'excellence, et qui a été prise dans les derniers jours du siége, alors qu'on ne pouvait plus en

profiter, — un contingent de 120,000 hommes destinés à renforcer l'armée d'opération.

La possibilité d'atteindre ce résultat parut évidente à tout observateur réfléchi qui avait assisté à la revue passée, dans les premiers jours de septembre, par le général Trochu. 260,000 citoyens de toutes les classes s'étaient, en effet, empressés de venir grossir les rangs de la garde nationale, dont les bataillons s'accrurent instantanément et s'élevèrent du chiffre de 60 à celui de 280. Il y avait là les éléments nécessaires pour puiser de 120 à 130,000 soldats choisis soit parmi les jeunes gens, soit parmi les hommes mariés encore dans la vigueur de l'âge, auxquels venaient s'ajouter les vétérans désireux de reprendre du service, et enfin les volontaires brûlant de se dévouer au service de la patrie.

Le gouverneur de Paris, — seul peut-être, — ne vit pas ce qui frappait tous les yeux, ce qui devait suffire à remplir les cadres d'une armée qui, au début du siége, était évidemment insuffisante pour entreprendre des opérations actives, pour risquer une campagne offensive sans laquelle cependant le succès de la défense devenait, non-seulement douteux, mais tout à fait impossible. Deux mois s'écoulèrent néanmoins avant que le général Trochu pensât sérieusement à la mobilisation de la garde nationale. Il ne s'y décida que vers la fin d'octobre et encore le fit-il avec hésitation, avec timidité, se bornant à faire appel aux volontaires, oubliant qu'il s'agissait du salut de la France et que l'excellent esprit qui animait la population de Paris, permettait d'y puiser largement en appelant au service tous les citoyens dans l'âge viril et propres à prendre part aux fatigues de la guerre.

Les rangs de la garde nationale, après avoir fourni 120,000 hommes susceptibles de devenir d'excellents soldats, auraient encore conservé un nombre égal ou supérieur de combattants parfaitement aptes au service des remparts et des forts. Ce ne fut que dans les premiers jours de novembre que le général Trochu se décida à décréter la formation des bataillons de marche, et ce que ces bataillons auraient pu faire, nous l'avons tous vu, lorsqu'en janvier ils ont été appelés au service des tranchées où ils ont donné aux soldats de la ligne l'exemple de la discipline, du courage et du dévouement.

Arrêtons-nous un instant pour envisager froidement jusqu'à quel point la situation militaire aurait pu être modifiée, si, comprenant tout le parti qu'on pouvait tirer de la bonne volonté des Parisiens, on eût, dès les premiers jours du mois de septembre, organisé les bataillons de marche, comme on le fit plus tard au mois de décembre.

Au moment de la catastrophe de Sedan, les 10,000 marins d'élite dont la belle conduite durant le siége a été l'objet de l'admiration de Paris et de la France, s'étaient déjà rendus dans la capitale. La garde municipale, la gendarmerie de Paris et des départements limitrophes, composaient un effectif de 15,000 hommes. Les sergents de ville dont on forma une excellente brigade fournissaient environ 6,000 hommes. Les gardes champêtres et les gardes forestiers réfugiés à Paris s'élevaient à environ 3,000. Les cadres en formation dans le rayon de la capitale au moment de la chute de l'Empire dépassaient le chiffre de 20,000 hommes. Le corps d'armée ramené de Sedan par le général Vinoy s'élevait à 28,000 combattants. Les bataillons de la garde nationale mobile dirigés des départements sur Paris et qui purent y pénétrer avant l'investissement donnaient un effectif de 95,000 jeunes gens, robustes, remplis du meilleur esprit et généralement assez bien commandés.

Ces différents corps, même en n'y comprenant pas

une division de cavalerie, formaient une masse de 170,000 combattants qui, grossis par les 130,000 gardes nationaux mobilisables et dont on ne songea à disposer que deux mois plus tard, auraient porté l'armée destinée à des opérations actives au chiffre de 200,000 soldats. Peut-être opposera-t-on à ce raisonnement qu'au mois de septembre on manquait de fusils à tir rapide pour armer les bataillons de marche, dont l'instruction militaire exigeait en outre un laps de temps qui n'aurait pas permis d'employer toute cette force dès le début du siége. Nous admettons sans difficulté la portée de cette objection; mais on conviendra que si le gouverneur de Paris avait eu réellement l'intention de prendre une offensive sans laquelle il ne pouvait pourtant se flatter de prolonger la défense, les 60 à 80,000 hommes prêts et disponibles dès l'investissement, auraient suffi en les employant à protéger *le mouvement de terre* dont nous avons longuement parlé ailleurs. Il ne s'agissait pas de renouveler des combats hasardés comme celui de Châtillon du 19 septembre, où l'on dirigea des troupes démoralisées contre les ennemis qui venaient de les vaincre; il aurait suffi de faire combattre ces troupes disponibles à l'abri de parallèles et de retranchements, de faire agir l'artillerie accompagnant des ouvriers armés de pelles et de pioches pour gagner peu à peu du terrain et faire reculer lentement mais sûrement les lignes d'investissement. Il fallait, nous dit-on encore, du temps pour transformer les fusils à piston en armes à tir rapide. Soit, mais si M. de Moltke s'était trouvé à la place de M. Trochu, il aurait certainement eu l'idée de faire venir aux tranchées les bataillons de marche et de leur faire échanger leurs fusils à piston contre les chassepots des gardes mobiles qu'ils seraient venus relever. Ces derniers alors seraient allés se reposer à Paris pendant que les gardes nationaux faisaient leur école de guerre. De la sorte les 130,000 mobilisés se relevant successivement les uns les autres, auraient eu deux bons mois d'éducation militaire, de campement et de tranchées, et lorsqu'en novembre, l'armement à tir rapide fut complété, les bataillons de marche organisés, comme nous venons de le dire, dès le mois de septembre, auraient pu entrer en ligne dans la bataille du 2 décembre sur les bords de la Marne et changer peut-être les résultats de cette journée, la plus importante de tout le siége. Si nous en jugeons d'après la bravoure déployée par les bataillons de marche dans la triste journée du 19 janvier, il est à croire que leur participation à une bataille sérieuse eût considérablement accru les chances de victoire.

Nous venons de prouver que l'armée de Paris aurait pu être portée à un effectif de 200,000 soldats, à la tête desquels M. le général Trochu eût été à même de prendre l'offensive dès les premiers jours de novembre, offensive basée sur la répétition fréquente des attaques, sur le mouvement continu des terres, sur le harcellement dirigé contre les lignes ennemies. Ce système dont la persévérante activité aurait ébranlé la confiance de l'ennemi et retardé son œuvre d'investissement, l'eût empêché d'élever tranquillement ses triples lignes de fortifications, répétant devant Paris l'opération qui avait fait tomber la place de Metz, exemple que M. le général Trochu aurait dû avoir sans cesse devant les yeux pour éviter une nouvelle catastrophe à laquelle ne pouvait survivre la fortune de la France.

Si le génie de M. le gouverneur de Paris ne découvrait en lui nulle ressource pour conjurer ce désastre; s'il ne concevait pas de moyen propre à lutter activement contre les assiégeants, c'était pour lui un devoir d'honneur de s'abstenir de nous répéter à satiété qu'il *ne capitulerait pas.* Au lieu de cette assurance qu'il n'a cessé de donner au public, il eût été plus honnête de faire entendre que, si les armées de secours n'arrivaient pas, le 20 ou le 25 janvier était la dernière limite à laquelle il lui serait possible de prolonger la défense de Paris. Et si tel était réellement le véritable état des choses que moins que tout autre devait ignorer M. le gouverneur de Paris, comment a-t-il pu concilier avec sa responsabilité de général et sa conscience de chrétien, la malheureuse sortie du 19 janvier, opération qui, ainsi que nous l'avons démontré en son lieu, ne pouvait conduire à aucun résultat définitivement profitable, journée dans laquelle on a sacrifié un si grand nombre de pères de famille, d'artistes distingués, de citoyens illustres, faisant partie des bataillons de marche et qui succombèrent glorieusement pour une cause perdue?

L'ensemble des opérations militaires conduites par le général Trochu pendant toute la durée du siége se résume dans les trois sorties du 30 novembre, du 21 décembre et du 19 janvier. La première, signalée par le passage de la Marne qu'exécuta le général Ducrot à la tête de 130,000 hommes, ne pouvait avoir pour but, si toutefois elle en avait un, que d'opérer une jonction avec l'armée de la Loire qu'on espérait voir s'avancer du côté de Fontainebleau. Selon les uns, le général Trochu aurait expédié par ballon au général en chef de cette armée l'ordre d'exécuter ce mouvement; selon les autres, c'est sous la pression des exigences de M. Gambetta que la sortie du 30 novembre fut décidée. Dans l'un et l'autre cas, cette opération ne pouvait donc avoir pour objectif que de percer les lignes prussiennes dans l'espoir d'opérer, à quelques kilomètres de Paris, une jonction heureuse avec l'avant-garde de l'armée de la Loire.

Le général Ducrot ne fut pas plus heureux dans les deux journées du 30 novembre et du 2 décembre, si glorieuses cependant pour l'armée française et qui causèrent des pertes considérables à l'ennemi ; mais il eût été plus malheureux encore pour la France que le général Ducrot fût vainqueur dans ces sanglantes journées. Les lignes des assiégeants une fois percées, l'armée française n'aurait pas, en effet, trouvé au delà ses camarades de la Loire et, poursuivie comme elle n'eût pas manqué de l'être en rase campagne par des forces supérieures et par une formidable artillerie, cette armée aurait couru grand risque d'ajouter un nouveau désastre aux désastres qui, dans cette malheureuse guerre, n'ont cessé de frapper le drapeau de la France.

Nous avons dû supposer que l'objectif de la sortie du 30 novembre ne pouvait être que de percer les lignes prussiennes, et nous sommes autorisé à penser ainsi, l'opération n'ayant nullement paru avoir pour but d'enlever à l'ennemi aucun des points qu'il occupait dans l'enceinte.

Ne pourrait-on cependant attribuer la sortie d'un corps d'armée aussi considérable que celui commandé par le général Trochu, à la pensée de provoquer les assiégeants à une grande bataille rangée, toujours avantageuse pour une armée assiégée qui peut combattre sous le canon de ses retranchements, et compter sur une retraite parfaitement assurée? Semblable hypothèse serait sévèrement jugée par la critique militaire, car rien n'est si hasardeux que de présenter bataille à un ennemi fort en nombre et supérieurement commandé, lorsqu'on a derrière soi une rivière non guéable, qu'on a dû passer sur des ponts de bateaux desquels l'ennemi pouvait se rendre maître. Il est à présumer que M. le général Ducrot partageait cette crainte, à voir la manière dont il s'expliqua dans l'ordre du jour adressé à son armée au moment où, repassant la Marne, il opérait sa retraite et s'établissait au bois de Vincennes. Le général y déclare explicitement, qu'il interrompt la poursuite de son mouvement de peur d'exposer ses troupes à un grand désastre. Un pareil témoignage dispense de toute autre preuve, à l'effet de conclure que la journée du 30 novembre n'avait pas un objectif militairement justifiable. Nous avons dit que le seul qui pouvait lui être assigné était une jonction avec l'armée de la Loire ; mais c'était pour le moins une grande légèreté que de compter sur la marche de cette armée, quand on n'avait reçu du général d'Aurelles de Paladine aucune réponse qui fit naître l'espoir de trouver son avant-garde à Fontainebleau. On ne conçoit vraiment pas comment, pour une opération aussi importante, on a pu procéder en s'appuyant sur une simple supposition.

La seconde sortie fut celle du 21 décembre : elle s'annonça comme le prélude d'importantes opérations, dont la possession du plateau d'Avron était considérée comme la garantie du succès, tellement était grande l'importance que les admirateurs de M. le général Trochu attribuèrent à cette position. Elle fut en effet choisie pour l'emplacement d'un grand camp retranché devant servir de point d'appui au mouvement offensif qui, dans les jours suivants, conduisit à l'occupation de Neuilly-sur-Marne, de la Ville-Evrard et de la Maison-Blanche, positions d'où les Prussiens furent chassés. Cet événement que les assiégés saluèrent d'un cri d'espoir, fut regardé comme le signe précurseur de triomphes plus décisifs.

Malheureusement, l'illusion devait être de courte durée : elle n'aboutit qu'à un feu follet d'enthousiasme et de joie promptement éteint. Parmi les talents militaires dont l'opinion s'est complu à doter M. le général Trochu, n'entre pas pour une large part, le soin de s'enquérir de ce qui se passe dans le camp ennemi, matière où il y aurait eu cependant à apprendre de messieurs les Prussiens. S'il en eût été autrement, M. le général Trochu n'aurait pas ignoré que, dans les moments mêmes où il bâtissait des châteaux en Espagne, sur la possession du plateau d'Avron, les assiégeants établissaient leurs batteries de siége proprement dites. Il aurait dû connaître la portée des fameux canons Krupp et ne pas s'exposer à ce que, alors même que son entourage chantait l'hosanna sur l'importance du plateau d'Avron, le feu des assiégeants l'obligeât à évacuer précipitamment le camp qu'il y avait établi, à enlever de nuit et en toute hâte le matériel qui y avait été transporté lorsque, comptant sur la possession permanente de la colline, on prônait sa conquête comme un avantage du plus grand prix.

A peine est-il nécessaire de parler de la malheureuse sortie du 19 janvier, opération dont l'insuccès a précipité la capitulation de Paris. Tout ce qui se rapporte à cette triste journée a été longuement traité par nous en son lieu et place dans les colonnes de notre Journal.

Si de nouveaux faits, si de nouvelles observations étaient nécessaires pour mesurer la grandeur des plans de M. le général Trochu, considéré comme homme d'initiative, comme chef capable de répondre du salut d'une grande cause, elles nous seraient fournies par un autre événement des plus remarquables du siége de Paris. Dans les derniers jours d'octobre, un hasard heureux rendit les Français maîtres du village du Bourget, occupé par les Prussiens qui en avaient fait une position importante de leur ligne de blocus. Les assiégeants, surpris par les francs-tireurs et les mobiles, se retirèrent en laissant entre les mains des assiégés plusieurs centaines de prisonniers.

Cette conquête inespérée constituait le premier avantage remporté par les Français depuis le commencement du siége. L'opinion publique donna à ce fait d'armes une importance peut-être exagérée, elle fonda sur lui les espérances les plus flatteuses, durant les quarante-huit heures qui suivirent l'événement.

Mais les Prussiens, jaloux de ne pas rester sous l'impression d'une défaite, coupèrent court à cette joie d'un moment. Ils attaquèrent vigoureusement le Bourget et s'en emparèrent de nouveau en causant des pertes sensibles à la garnison française, dont la moitié resta prisonnière. Nous constatâmes à la nouvelle de cet événement, la consternation et la rage avec laquelle le peuple de Paris accueillit l'annonce de la perte du Bourget. L'état-major, pour chércher à atténuer la mauvaise impression de cet échec, déclara que le Bourget avait été surpris et enlevé sans ordre du général en chef, et en même temps que la possession de ce village n'entrait nullement dans le plan de la défense. Nous ne discuterons pas ce point de vue dont la compétence est exclusivement militaire. Portons tout simplement la question sur le terrain du sens commun. Accordons que rien de ce que nous avons donné comme avantageux pour les opérations du siége n'eût été exécutable ; accordons que des opérations offensives que nous avons indiquées, aucune ne pût être entreprise ; accordons que l'armée de Paris n'eût pu rien faire d'avantageux pendant les quatre mois de la durée du siége, on ne nous contestera pas du moins que cette armée ne fût parfaitement en mesure de résister à une attaque de vive force de la part de l'ennemi. Qu'on nous permette, à l'appui de notre opinion, de recourir à une hypothèse empruntée à la théodicée d'Homère. Supposons que le dieu Mars ou la déesse Bellone, prenant sous leur protection M. le général Trochu, lui eussent apparu et lui eussent offert de suggérer à M. de Moltke le mouvement le plus propre à le faire battre par les Français, ou du moins de ménager à ces derniers les chances d'une lutte où ils seraient certains de ne pas s'exposer à une déroute. Nous croirions faire honneur à l'intelligence de M. le général Trochu en lui inspirant de dire, en réponse à ces divinités protectrices, que son vœu le plus ardent serait de voir les Prussiens disposés à accepter une bataille sous les murs de Paris, à portée des canons des forts et sur un terrain où les Français auraient une retraite assurée, quelque désavantageuses que pussent leur être les chances du combat.

C'est cependant une bonne fortune de cette nature que M. le général Trochu a méconnue le jour où il a vu les Prussiens s'avancer en grandes masses pour reconquérir le Bourget ; car ce jour-là il n'avait qu'à leur opposer des forces égales, peut-être même supérieures, pour les forcer à une bataille dans les meilleures conditions possibles pour la défense. Mais M. le général Trochu semble avoir placé toutes ses espérances, basé tous ses calculs sur l'arrivée des armées de province, combinaison au sujet de laquelle il n'y a pas lieu de répéter ce que nous avons longuement développé en nous occupant de ce qu'il y avait à faire et à espérer pour rendre efficace le concours de la France à la délivrance de Paris. Sans faire retomber l'entière responsabilité de ce qui s'est fait dans les départements sur M. le général Trochu, il ne serait pas non plus possible de l'en dégager tout à fait, surtout si l'on tient compte de l'influence qu'il a exercée, comme chef du gouvernement, sur le système et les mesures de la délégation de Tours et de Bordeaux ; et si l'on sait que M. Gambetta s'est inspiré des instructions du président du gouvernement dont il avait reçu le mandat spécial de faire exécuter les plans de campagne.

Il nous faudrait connaître ce qui s'est passé entre M. Gambetta et le général d'Aurelles de Paladine, le seul des généraux français qui ait remporté des avantages tant soit peu importants, pour apprécier exactement jusqu'à quel point le général Trochu a été favorable ou contraire au seul système, rationnellement capable de changer la fortune de la France, nous voulons parler de la concentration des forces nationales derrière une ligne défensive puissante et à l'abri de laquelle eussent pu s'organiser des armées assez nombreuses et assez exercées pour de là marcher résolûment au secours de la capitale.

A défaut de ces renseignements nécessaires pour formuler un jugement équitable, nous nous en rapporterons à ce que l'on connaît des dissentiments survenus entre le général d'Aurelles et M. Gambetta et à ce qu'il est permis de déduire du fait, parfaitement acquis, de la sortie du 30 novembre, sortie entreprise dans l'attente d'une jonction avec l'armée de la Loire, pour conclure que M. le gouverneur de Paris, au lieu d'attendre que le général en chef de cette armée lui fît connaître le moment où il serait en mesure de marcher sur Paris, prescrivit au général d'Aurelles ou tout au moins le poussa à précipiter son mouvement et à se porter en avant, *coûte que coûte*. On ne saurait s'expliquer d'une autre manière le désir du général d'Aurelles d'abandonner Orléans, désir contrarié par M. Gambetta, et d'où sortit la cause du malheureux résultat des combats qui précédèrent la reprise de cette ville par les Allemands.

D'autres faits viennent encore prêter leur appui à l'opinion d'après laquelle on doit attribuer aux conseils et aux exigences de M. le général Trochu les défaites éprouvées par les armées du Nord et de l'Est. Intimement convaincus qu'il n'y avait rien de favorable à espérer pour la cause de la France d'un mouvement partiel sur Paris tenté par l'un quelconque des différents corps d'armée en formation dans les départements, ce ne fut pas sans étonnement que nous lûmes dans le *Journal officiel* que le général Faidherbe, victorieux à Bapaume, marchait sur la capitale. Pareil mouvement nous parut grandement hasardé, nonobstant l'approbation que lui donnait le gouvernement en signalant ce fait dans le *Journal officiel* et en le présentant au peuple de Paris comme un motif d'espérance. Peu de jours après cette publication, nous lisions dans le journal qui passait pour recevoir les confidences du chef d'état-major de l'armée de Paris, un remarquable article, signé par le rédacteur en chef, et dans lequel on donnait à entendre, avec tous les caractères d'une communication semi-officielle, que les mouvements que se disposaient à effectuer les armées de province étaient exactement conformes aux plans conçus par M. le général Trochu, plans dont l'exécution avait été spécialement confiée à M. Gambetta. Le même article affirmait que les mesures prises par ce dernier n'étaient que la mise à exécution des instructions envoyées de Paris. Cet exposé était suivi de la déclaration explicite que le grand mouvement que se préparait à exécuter le général Bourbaki dans les départements de l'est, allait réaliser le chef-d'œuvre du plan de campagne de M. le général Trochu. On présentait comme résultat presque assuré de ce plan, la concentration de l'armée de Bourbaki avec le corps de Garibaldi dont les forces réunies ne manqueraient pas de rallier l'armée du Nord conduite par le général Faidherbe.

Ce magnifique plan de campagne devait immanquablement donner pour résultat l'interposition de 180,000 Français entre les frontières d'Allemagne et l'armée qui assiégeait Paris, armée dont les communications allaient être bientôt coupées et qui se trouverait ainsi placée entre les troupes victorieuses de Bourbaki et l'armée de Paris prête à prendre à son tour une offensive qui donnerait le coup de grâce aux envahisseurs. Tels étaient les rêves dorés dont se nourrissaient les espérances des amis de M. le général Trochu durant le temps où j'écrivais à mes amis de Madrid en leur faisant part de ces pressentiments et des nouvelles qu'on se plaisait à attendre des profonds calculs de M. le gouverneur de Paris, mais j'avais soin d'ajouter que la réussite de ce beau plan supposait la réalisation d'une foule d'hypothèses très-aventurées et dominées par la probabilité, à mon avis fort à craindre, que les mouvements statégiques des Prussiens et les renforts qu'ils attendaient d'Allemagne ne finissent par renverser un aussi beau château de cartes.

Est il nécessaire de m'appesantir sur la malheureuse issue des pronostics qui s'élevaient dans mon esprit au moment même où les amis du général Trochu se croyaient le plus assurés de son triomphe? Des événements à jamais douloureux se sont chargés de déterminer les résultats de la campagne entreprise par les armées organisées par M. Gambetta et mises en mouvement sous les inspirations de M. le général Trochu.

Elle eût été grande sans doute la gloire qu'attendait l'inspirateur de si brillantes manœuvres militaires, si elles avaient réussi., mais d'autant plus accablante doit être la responsabilité du chef qui n'a cessé de répéter à ses concitoyens trop confiants dans sa parole : *Paris ne capitulera pas.*

Nous venons de nous acquitter de nos devoirs. d'historien et, quoique plus disposé à l'éloge qu'au blâme, nous n'avons pu nous dispenser de signaler la portée des actes, la grandeur des fautes qui, selon nous, ont exercé une immense influence sur le dénoûment.

Nous avons exposé fidèlement les faits, c'est à l'opinion qu'il appartient de prononcer et de léguer à la postérité le jugement sans appel qu'elle aura à porter sur la personne et les actes du général Trochu.

Deuxième Partie

Analyse des discours prononcés devant l'Assemblée de Versailles par M. le général Trochu et réponse donnée à ses assertions par l'auteur du Journal *du siége de* Paris.

Les opinions que nous avons émises et les jugements que nous avons consignés dans notre ouvrage, ont été nécessairement basés sur les faits qui ont rempli la période du siége et tels qu'ils étaient alors connus du public et plus particulièrement des habitants de Paris.

Maintenant que M. le général a parlé, il est de notre devoir de recueillir ses paroles et de rechercher jusqu'à quel point elles sont de nature à rectifier ou à confirmer ce que nous avons donné comme la vérité historique au sujet de la mémorable époque qu'embrasse le siége.

Il est encourageant pour nous de constater que le jugement que nous avons porté sur la campagne de Paris ne se trouve ni altéré ni affaibli par la longue et éloquente argumentation de M. le général Trochu, et cette preuve manifeste de notre impartialité acquiert une nouvelle force de cette circonstance que nous avons, avant même que le général eût parlé, dit au sujet de sa personne et de ses actes tout le bien qu'on pouvait en dire, car nous ne pensons pas que les admirateurs même les plus passionnés de M. le général Trochu eussent pu se montrer plus favorables et plus explicites que nous relativement à ce qu'il a pu réaliser de bon et d'utile.

Nous attendions beaucoup du talent dont il était à présumer que le général ferait preuve pour sa défense ; nous avouerons néanmoins que son éloquence et sa parfaite prise de possession de la tribune ont surpassé l'idée, tout avantageuse qu'elle fût, que nous nous étions formée de la haute intelligence de M. Trochu. Nous n'hésitons pas à le dire : si l'on avait à se prononcer sur la conduite politique et militaire du général d'après l'impression que ses éloquentes paroles ont dû produire sur son auditoire, la déclaration d'avoir bien mérité de la patrie serait une faible récompense de toutes les merveilles dont il faudrait faire honneur à l'ex-président du gouvernement de la défense nationale. Mais la vérité historique a d'autres exigences que l'art oratoire et l'on ne saurait mesurer l'aptitude d'un homme public, du chef d'un pays en lutte avec l'étranger, d'après ses qualités purement intellectuelles, si ces mêmes qualités ne sont pas relevées par l'inspiration, par l'énergie, par la volonté ferme qui font le caractère des hommes destinés à léguer leurs noms à l'histoire et qui, vainqueurs ou vaincus, et en dépit des préventions de leurs contemporains, s'imposent au respect et à l'admiration de la postérité.

Nul homme n'a jamais apporté à une situation donnée, un plus grand prestige, une popularité plus robuste que ceux qui s'attachaient à la personne de M. le général Trochu au moment où il vint prendre le commandement de Paris. Nommé à ce poste important par l'empereur Napoléon, dont il ne passait pas pour l'ami, le général arriva à ce poste élevé, fort de l'autorité qu'il puisait dans la représentation du pouvoir légal et dans celle, plus grande encore, que lui assurait sur l'opinion publique sa renommée de critique du système militaire de l'Empire.

Le général nous affirme qu'à Châlons il fit sentir à l'Empereur le danger de continuer la guerre offensive et qu'il conseilla un autre système consistant dans la retraite des armées sous les ordres des maréchaux Bazaine et Mac-Mahon, et dans la concentration de ces mêmes armées dans le rayon de la capitale. L'Empereur, nous dit le général, avait adopté le système proposé par lui et l'avait même chargé d'annoncer son prochain retour dans la capitale, dont il lui confiait le commandement. Mais l'Impératrice et son ministre de la guerre, M. le comte de Palikao, ne goûtèrent nullement les idées de M. Trochu. Ils rejetèrent même, au dire de ce dernier, l'idée du retour de l'Empereur ainsi que celle de la concentration des armées sous Paris. Le général se crut l'objet d'une prévention et d'une défiance tellement marquées, nous assure-t-il, de la part de la Régente et de son ministre, que l'autorité du gouverneur de Paris en fut pour ainsi dire réduite à néant, M. le comte de Palikao communiquant directement ses ordres aux autorités hiérarchiquement placées sous la dépendance de M. le général Trochu, sans même en donner connaissance à ce dernier. Pareil mépris des attributions ainsi que de la personne du gouverneur, fut poussé, nous dit-il, jusqu'au point que le ministre de la guerre désigna les membres devant composer un conseil de guerre, dont les arrêts prirent cours d'exécution, sans même en informer le commandant militaire de la place à qui il appartenait de

statuer en pareille matière. Renchérissant sur l'é-
trange situation qui lui était faite par le ministre, le
général nous assure qu'on lui laissait ignorer les
mouvements de l'ennemi, qui, à marches forcées,
s'avançait sur la capitale, dont la défense lui avait
été confiée. Ce ne fut que par les journaux, nous dit-
il, qu'il apprit la prochaine arrivée des Prussiens
sous les murs de Paris. Les choses s'étant ainsi pas-
sées, il s'ensuivrait, d'après M. le général Trochu,
que nulle responsabilité ne devrait lui incomber relativement aux mouvements populaires qu'il était si
facile de prévoir, comme la suite imminente de l'arrivée des premières nouvelles défavorables de l'armée.

A peine pourrait-on comprendre qu'en présence de
ces procédés employés à son égard, un général obscur
et nullement soucieux de sa propre responsabilité
fût demeuré impassible, mais semblable impassibilité
ne saurait se comprendre de la part d'un général occupant la position de M. le général Trochu, de l'auteur d'un plan de campagne adopté par le chef de
l'Etat et de l'exécution duquel devait dépendre le
salut du pays. Il ne pouvait échapper à la haute intelligence du général Trochu que sa responsabilité
morale se trouvait inévitablement engagée par sa
persistance à remplir ostensiblement un commandement que de fait il n'exerçait pas.

L'on ne saurait trouver d'autre explication raisonnable à ce qu'en pareilles circonstances le général
n'eût pas offert sa démission, que dans la supposition
qu'il prévoyait des éventualités prochaines dont il
pourrait tirer parti pour des vues ultérieures ; éventualités d'ailleurs faciles à comprendre dans la situation où se trouvaient la France, Paris, le gouvernement impérial, et M. le général Trochu lui-même,
lequel ne nous laisse pas ignorer que, dans son opi-

nion, une nouvelle défaite de l'armée du Rhin devait entraîner immanquablement la chute de l'Empire.

Une considération plus forte encore fait peser sur M. le général Trochu la responsabilité de la révolution accomplie dans la journée du 4 septembre, responsabilité que le général prétend vainement éloigner de lui. Il nous assure qu'il avait fait entendre à l'Impératrice que, dans l'état d'agitation où se trouvait la capitale, on ne devait pas compter, en cas de tumulte populaire, sur une répression efficace de la part des troupes et qu'en conséquence il avait fortement conseillé de n'avoir recours qu'à l'emploi de moyens moraux. L'homme qui s'exprimait ainsi, avait entre ses mains le commandement de soixante bataillons de gardes nationaux composés de contribuables dévoués à l'ordre et commandés par le général de la Motte-Rouge intimement lié avec M. Trochu. « Doit-on supposer que ce dernier eût pu méconnaître que c'était dans cette garde nationale qu'il fallait chercher le ressort moral dont il avait recommandé l'efficacité pour le cas où le conflit viendrait à surgir? »

Nous avons fait observer dans notre *Journal du Siége* et nous maintenons notre dire, fortifié par la conviction la plus profonde, que M. Trochu était en pleine possession de la confiance la plus absolue de la population parisienne. Il pouvait compter sur le concours efficace de tous les amis de l'ordre, et l'on savait parfaitement que le parti qui poussait au renversement de l'Empire n'oserait pas se commettre contre le général dans la personne duquel tout le monde voyait le représentant d'une situation nouvelle. Comment pourrait-on s'expliquer qu'ayant connu, dans la nuit du 3 septembre, le désastre de Sedan, M. Trochu ne prît aucune disposition relati-

vement aux événements qui ne pouvaient manquer d'éclater le lendemain, dès que la nouvelle de la catastrophe serait connue du public? Le général ne nous dit pas ce qu'il fit dans la nuit du 3 ni dans la matinée du 4 pour s'approcher de l'Impératrice ni pour s'entendre avec le ministre de la guerre sur ce qu'il y avait à faire dans la crise que tout le monde savait près d'éclater.

L'on ne saurait supposer que l'approche de cette crise ne fût dans la pensée du général, car, sans posséder son intelligence ni les moyens d'informations à sa portée, le modeste auteur du *Journal du Siége* écrivait ce qui suit à ses amis de Madrid à la date du 1er septembre :

« Si un nouveau désastre survient aux armées qui « opèrent dans le nord ; si le maréchal Bazaine est « bloqué dans Metz et si l'armée de Mac-Mahon se « trouve coupée, ce à quoi je la considère comme « gravement exposée, nul doute qu'il ne survienne « ici quelque révolution ou pour le moins une dicta- « ture. Le gouvernement actuel subira un change- « ment inévitable et de quelque manière qu'il s'ef- « fectue, je crains fort qu'il *n'entraîne la déchéance* « *de l'Empereur.* »

Nous ne saurions donc prendre au sérieux la naïveté avec laquelle le général veut nous persuader qu'il ignorait ce qui allait se passer dans la journée du 4, pas plus que nous ne croyons à son impuissance à contrôler les événements.

En effet, même en supposant que le ministre de la guerre eût laissé le gouverneur de la place dans l'ignorance des dispositions qu'il avait prises, tous les habitants de Paris furent témoins, ainsi que nous, dans la matinée de ce jour (et plusieurs heures avant que les groupes tumultueux n'encombrassent les abords du

Corps législatif) de la réunion dans les mairies et dans les lieux de leur rassemblement habituel, des bataillons de gardes nationaux qui avaient pris les armes en présence de l'agitation générale et dans l'expectative de voir avant peu se passer quelque chose d'extraordinaire ?

Comment l'idée ne vint-elle pas à M. Trochu de se mettre à la tête de quelques-uns de ces bataillons et de se porter sur le quai d'Orsay, si réellement il pensait, ainsi qu'il voudrait nous le persuader, qu'il était désirable d'opposer une digue quelconque au débordement et de tâcher de modifier les écarts et les excès d'une révolution qui livrait le pouvoir aux partisans de la République ?

Mais le général Trochu nous raconte qu'il ignorait complétement ce qui se passait dans les rues de Paris dans la matinée du 4, lorsqu'il vit arriver chez lui M. le général Lebreton, questeur de la Chambre, qui lui annonça le danger imminent d'une prochaine invasion par le flot populaire du palais occupé par le Corps législatif et le conjura de s'y rendre afin de tâcher de calmer par sa présence et sa popularité l'irritation des groupes. M. Trochu nous assure qu'il protesta de son impuissance à accomplir une tâche aussi difficile, mais que payant de sa personne et ne se refusant à aucune espèce de dévouement, il monta à cheval et se dirigea tout seul vers le palais de la Chambre.

Mais la foule, — nous dit-il, — était si considérable et si pressée qu'il pouvait à peine avancer, arrêté dans sa marche et même souvent enlevé, lui et son cheval, par la pression de la multitude. Empêché d'aller plus loin, alors qu'il était parvenu à moitié de sa course, il vit sortir des groupes et venir à lui un homme d'une taille élevée qu'il ne connaissait pas, lequel s'avançant vers le général lui demanda où il allait :

« — A la Chambre, répondit M. Trochu.

« — *C'est inutile, tout est fini*, répliqua l'interlocu-
« teur, j'en viens, je suis Jules Favre, je me rends à
« l'Hôtel de ville ; venez-y vous-même, car c'est là
« seulement qu'on peut empêcher la démagogie de se
« rendre maîtresse de la situation. »

Pressé par M. Steennackers et par d'autres députés,
le général ne tarda pas à prendre le chemin de l'Hôtel de ville. Il trouva là réunis les hommes qui
avaient préparé le mouvement, escortés par les groupes qui leur avaient servi d'instruments pour la dis-
persion du Corps législatif. Ces hommes avaient
besoin d'un chef, d'un nom populaire surtout, d'un
général qui vînt prêter à la révolution, à moitié accomplie, une sanction dont elle ne pouvait se passer,
sous peine d'avortement ou du moins d'une chute
dans un mouvement de couleur rouge tellement
foncée, qu'il était aisé de prévoir que le reste de la
France ne l'aurait pas accepté. Or, c'est cette sanction sans laquelle elle ne pouvait vivre que M. le général Trochu vint bénévolement apporter à la Révolution du 4 septembre.

Une fois qu'il eut pris possession de la présidence
du nouveau gouvernement, du ministère de la guerre
et du commandement en chef des troupes, la République improvisée par les députés de Paris, aidés par
les socialistes de Belleville, acquit la perspective de
stabilité qui enleva toute probabilité d'aboutir à la solution proposée par M. Thiers et qu'avait sanctionnée
l'adhésion de la majorité des députés réunis, dans la
nuit du 4, dans les salons de la Présidence. Cette solution devait offrir aux hommes de l'Hôtel de ville
une transaction qui aurait jusqu'à un certain point
ôté au mouvement du 4 septembre le caractère de
coup d'Etat au profit d'un seul parti, car cette solution aurait conduit à l'installation d'un gouverne-

ment provisoire dont la durée devait se borner au temps nécessaire pour consulter la volonté de la nation, laquelle, par l'organe d'une Assemblée constituante, se serait donné le gouvernement de son choix.

Une solution de ce genre, la plus raisonnable certes, à laquelle on pût s'arrêter dans les circonstances exceptionnelles où le pays se trouvait placé, devint, comme nous l'avons dit, tout à fait impraticable du moment où M. le général Trochu consentit à prêter l'appui de son nom et de sa popularité à la réunion de l'Hôtel de ville. En acceptant de se mettre à sa tête, le général nous informe qu'il eut soin d'exiger de ses associés comme condition indispensable de son concours à l'œuvre commune, que lui, le général Trochu, serait le président du gouvernement des actes duquel il se réservait la haute direction.

Arrivé à cette partie de sa péroraison, le général fait ressortir les pronostics contenus dans ses ouvrages relativement à la défectueuse organisation des armées françaises, et se compare à une nouvelle Cassandre dont la voix n'a pas été écoutée; il nous parle aussi avec complaisance de son testament déposé chez son notaire, comme d'une pièce historique qui aurait l'importance attribuée aux dernières volontés de Richelieu ou de Pierre le Grand.

Le général nous assure que, dès les premiers jours du siége, il fit savoir à ses collègues, MM. Jules Favre et Picard, que la défense de Paris était impossible, par la raison toute simple que nulle place assiégée qui n'est pas secourue, ne peut échapper à la nécessité d'une capitulation.

Cet axiome militaire que les lecteurs de notre *Journal du Siége* trouveront formulé dans le résumé synthétique de notre correspondance antérieure du siége, admet, pour Paris, considéré comme place forte, une exception dont nous rendîmes compte, et qui, certes, n'a rien de vulgaire.

Cette ville renfermait des éléments matériels et économiques assez puissants pour permettre de former dans ses murs et en temps utile, une armée d'opération assez nombreuse et assez exercée pour qu'elle eût pu entreprendre des opérations actives conduisant à l'élargissement des lignes d'investissement et au ravitaillement partiel de la place. Toute la responsabilité comme tout le blâme qui s'attache au commandement de M. le général Trochu, consistent à ne pas avoir su qu'il pouvait former cette armée, à avoir perdu un temps précieux pour la réorganisation des troupes de ligne et de mobile, de n'avoir pas puisé largement dès le début du siége dans les rangs de la population virile pour la formation d'une armée sérieuse, chose que n'aurait pas manqué d'exécuter un homme doué d'un véritable génie, et d'un caractère énergique, chose, du reste, que nous ne signalons pas après coup, car elle se trouve longuement exposée dans les pages de notre Journal à dater des premiers jours du mois de septembre. La défense entreprise par M. le général Trochu serait extrêmement plausible, si l'on n'avait à juger sa conduite du siége qui, d'après les conditions normales d'une place de guerre et eu égard aux éléments qui généralement constituent les moyens à la portée du chef chargé d'en soutenir le siége. Mais, considérée à ce point de vue, la tâche remplie par l'ex-gouverneur de Paris ne lui donne nullement le droit de se faire passer à toute force pour un grand homme de guerre, lorsque, en réalité, M. Trochu n'a fait autre chose que de se tenir derrière les remparts et les forts tant qu'il a eu des vivres, et à avoir capitulé bénévolement le jour où il n'eut plus de quoi nourrir l'immense population de Paris.

Elle était autrement grandiose, l'œuvre réservée à

l'homme qui eût possédé l'ambition d'attacher glorieusement son nom à la défense du boulevard de la France. Il était appelé à accomplir, par les procédés que nous avons minutieusement développés dans notre Journal, la formation d'une puissante armée qui, à dater de novembre, aurait pu être en état de lier ses opérations à celles des armées que dans les départements n'eussent pas manqué de rassembler et d'organiser des hommes autrement compétents que ne l'était M. Gambetta, cet *alter ego* de M. le général Trochu, et des gouvernants plus éprouvés que les honnêtes citoyens placés à la tête de la délégation de Tours, individualités issues de l'initiative de M. Trochu ou du moins acceptées par lui et dont les actes confondent la responsabilité de ces mêmes personnes avec celle qui se rattache à l'homme qui allia la fortune de son pays et sa propre renommée aux coopérateurs qu'il s'était donnés.

Après avoir méconnu l'importance des éléments dont il disposait, et qui, mieux employés, auraient pu donner des résultats moins désastreux, le général Trochu fournit une nouvelle preuve de la faiblesse de son jugement politique quand il nous dit qu'il nourrissait l'espérance que les Etats-Unis se rappelant Lafayette, l'Angleterre en souvenir de la Crimée et l'Italie en reconnaissance de Solferino, seraient venus en aide à la France. Un véritable homme d'Etat n'aurait pas méconnu que la révolution du 4 septembre et l'absence d'un gouvernement émanant de la volonté nationale, faisaient naître des considérations de nature à opposer le plus sérieux obstacle à ce que ces puissances engageassent leur neutralité et leurs finances pour tirer la France du mauvais pas où elle s'était volontairement jetée.

Il nous paraît peu vraisemblable qu'il puisse rester dans l'esprit de qui que ce soit, le moindre doute raisonnable sur ce que la journée du 4 septembre n'eût pas pu se faire sans le concours de M. le général Trochu ou pour le moins, que sans ce concours la révolution n'eût pu aboutir à se faire accepter par les départements.

Cette proposition une fois démontrée, il ne nous reste qu'à nous occuper de celle que M. le général pose lui-même comme étant le résumé de toutes les accusations et de toutes les critiques dont son gouvernement a été l'objet, critiques et accusations qu'il se flatte de réduire à néant.

Voici en quels termes le général formule les charges qu'il entreprend de combattre, affirmant qu'il n'en oublie aucune.

« Première. — Que la garde nationale par ses
« masses offrait les moyens de percer les lignes
« d'investissement et de se porter au dehors et que
« le général n'a pas pu ou n'a pas voulu utiliser ces
« grands moyens.

« Deuxième. — Qu'il n'avait pas de plan et qu'il
« allait au jour le jour des événements.

« Troisième. — Que les lignes d'investissement de
« l'ennemi n'avaient pas la valeur qu'il leur attri-
« buait, que le patriotisme et les ressources de Paris
« mettaient à sa disposition des moyens dont il n'a
« pas su tirer parti. »

Nous ne saurions admettre que les termes dans les-quels M. le général pose la question, soient les plus propres à conduire à l'éclaircissement des faits. Pour répondre à toutes les objections qu'il se propose de réfuter, M. le général Trochu aurait dû, il nous semble, donner à ces trois propositions la rédaction suivante :

1º La ville de Paris renfermait tous les éléments nécessaires pour la formation d'une armée active, laquelle aurait pu se trouver organisée dès les premiers jours de novembre et avoir reçu son éducation militaire derrière un grand mouvement de terre auquel le gouverneur de Paris ne songea jamais sérieusement.

2º Que si le général eut réellement un plan, ce plan ne fut pas le bon, ainsi que l'ont démontré jusqu'à la dernière évidence les autorités militaires les plus compétentes d'Angleterre, des Etats-Unis, de la Russie et de l'Autriche.

3º Que le général permit aux Allemands de compléter leurs lignes d'investissement sans avoir jamais songé à les empêcher par des opérations régulières et incessantes.

M. le général Trochu entre en matière en faisant ressortir qu'une des plus grandes difficultés contre lesquelles il eut à lutter, fut celle de persuader aux Parisiens que la ville pouvait être complétement investie, tellement, nous dit-il, était enracinée l'opinion qu'une place de guerre occupant un aussi vaste périmètre, ne pouvait être efficacement investie que par un million et demi d'assiégeants, et tout en étant moins porté que le public à cette exagération, le général nous avoue qu'il avait cru que le siége ne se prolongerait pas au delà de deux mois. Il s'étonne que telle étant l'opinion des hommes de guerre on ait porté la prévention et l'injustice à son égard jusqu'à accuser de faiblesse l'homme qui a tenu quatre mois

et demi devant l'ennemi, livré quatre batailles ran-
gées et soutenu huit grands combats.

Nous croyons en avoir dit assez dans notre Journal,
sur les batailles de M. Trochu pour qu'il soit nécessaire de rien ajouter sur la valeur qu'on peut attacher
à la conception et à la conduite de ces mêmes batailles. Nous n'avons rien à changer à ce que nous
avons écrit sur la journée du 19 septembre, du 21 décembre et du 19 janvier. Aucun des faits, aucun des
raisonnements qui entrent dans notre récit des événements de ces journées de guerre n'a reçu la moindre
atteinte ni le plus petit affaiblissement de l'incontestable éloquence dont M. le général a fait preuve dans
tout le cours de sa saisissante péroraison.

Nous nous plaisons à reconnaître combien sont
justes les observations de l'ex-gouverneur de Paris relativement à l'insuffisance de l'armement de la place
au début du siége, au manque d'artillerie de longue
portée, de fusils à tir rapide et de munitions suffisantes.

L'intelligence et le zèle de l'artillerie et du génie
militaire, le dévouement éclairé de l'industrie parisienne opérèrent des miracles auxquels le général
rend les éloges les plus mérités.

Faisant entrer en ligne de compte les désavantages
contre lesquels il eut à lutter, le général fait observer
l'infériorité numérique de l'infanterie qui lui fut
léguée par l'Empire, mais il nous semble oublier que
cette même infanterie recevait un renfort qui n'était
pas à dédaigner, dans la gendarmerie départemen-
tale, les pompiers, les cantonniers, les gardes forestiers et les sergents de ville. Ces différentes forces ne
s'élevaient pas à moins de 60,000 hommes, auxquels
il faut ajouter les 95,000 gardes mobiles que le général affirme être parvenu, en deux mois, à organiser
et à rendre aptes à être menés devant l'ennemi. Il
est impossible de méconnaître tout le parti qu'un

homme énergique eût pu tirer de ces troupes, combien leur moral se serait fortifié et leur éducation militaire accrue, si on avait eu soin de les distribuer dans des camps qui auraient été à la fois des camps d'instruction et des écoles de guerre, ménagés à l'abri des forts et des tranchées que le mouvement des terres eût pu multiplier à l'infini. Ces soldats seraient alors devenus aussi solides que ceux dont M. le général se plaît à reconnaître le mérite en parlant des hommes appartenant aux régiments de la ligne numéros 35 et 42, corps dont il signale la discipline et le courage.

Nous croyons ces observations à l'abri du reproche d'être faites *à posteriori;* car ce que nous venons d'exprimer ici, nous l'avons soutenu dans les pages de notre Journal, dès le mois de septembre et il nous semble que ce qui frappait notre médiocre intelligence à nous, homme étranger à la science militaire, aurait dû se présenter plutôt et d'une manière plus précise à l'esprit d'un homme du métier, d'un général jouissant de la renommée qui entourait la personne de M. le général Trochu.

Il caractérise sévèrement le mauvais exemple que les fuyards de Sedan donnèrent au reste de l'armée, et à ce propos il doit nous être permis d'observer que, prévoyant dès les premiers jours du mois de septembre, combien serait nuisible pour les mobiles et les nouvelles levées, le contact des échappés de l'armée du Rhin, nous renchérîmes sur l'importance de tenir ces soldats casernés dans l'enceinte de la ville, ou de les établir dans des camps séparés et placés sous le commandement de chefs d'élite propres à redresser leur moral.

Sensible au parti qu'il en peut tirer pour les besoins de sa cause, le général fait ressortir la grandeur du désavantage contre lequel il eut à lutter, en se voyant privé de tout espoir de secours des armées commandées par les maréchaux Bazaine et Mac-Mahon, armées dont il assure que l'empereur Napoléon lui avait promis le concours quand il lui confia le commandement de Paris.

En voyant les ennemis aux portes de la capitale, le général fut saisi, nous dit-il, de la pensée de leur disputer quelques-unes des positions qui la dominent et dont ils étaient les maîtres de s'emparer, faute de disposer lui-même de troupes suffisamment solides pour les faire mesurer corps à corps avec les Prussiens.

Ce fut dans ce but que fut entreprise la malheureuse tentative du 19 septembre, destinée à chasser l'ennemi des hauteurs de Châtillon.

Le général nous dit plus loin que six semaines lui suffirent pour organiser les bataillons de gardes mobiles et pour les rendre aptes à opérer en rase campagne; et qu'il eut besoin de trois mois pour arriver à la complète organisation et à l'armement des bataillons de marche de la garde nationale parisienne. Ces trois mois, ajoute le général, suffirent aux Prussiens pour rendre inabordables leurs lignes d'investissement.

C'est ici le moment de faire toucher du doigt l'immense faute que nous n'avons cessé d'attribuer à M. le gouverneur de Paris. Il avoue que six semaines lui suffirent pour faire des mobiles, d'excellents soldats. Pourquoi donc crut-il devoir employer trois mois à l'éducation militaire de la jeunesse et des ouvriers de Paris, bien plus aptes, certes, par leur intelligence, au métier des armes que les jeunes campagnards, pour l'instruction desquels six semaines avaient suffi? La vérité est que M. le général ne pensa jamais ou du moins pensa très-tardivement au recrutement d'une véritable armée de secours à faire dans les rangs de la population parisienne. Cela est prouvé par l'hésitation, les tâtonnements et les délais qu'il mit à se décider à la formation des bataillons de marche et cela ressort pleinement encore du fait de n'avoir pas songé, dès le lendemain du 4 septembre, à un décret qui eût rendu obligatoire l'enrôlement de tous les hommes aptes au service des armes depuis l'âge de vingt jusqu'à celui de cinquante ans.

Si l'on avait agi avec cette résolution et cette énergie, les Prussiens n'auraient pas eu le temps de compléter leurs formidables lignes d'investissement et de défense, et très-certainement il leur aurait été très-difficile, sinon tout à fait impossible de les ériger, si, pendant qu'il complétait l'organisation de son armée, M. le général Trochu avait su employer les bras des 300,000 travailleurs et manœuvres que la ville de Paris lui aurait très-aisément fournis, pour exécuter un immense mouvement de terre, destiné à neutraliser la puissance de l'artillerie allemande, mouvement qui aurait en même temps permis d'occuper successivement, quoique avec lenteur, les positions défensives, que, faute de troupes en nombre suffisant, et suffisamment solides, on ne put disputer à l'ennemi dans les premiers jours du siége. Ce qu'un homme, alors obscur, le général Totleben, sut exécuter en 1854 devant Sébastopol dans l'espace d'un peu plus de quarante-huit heures, et quoiqu'il ne disposât que d'un nombre de bras assez limité, a malheureusement échappé à la science de M. le général, qui, plus malheureusement encore, ne songea pas non plus à la mesure dont nous avons longuement parlé dans notre Journal, et qui était peut-être la seule capable de rendre possible la prolongation du siége de Paris au delà du terme assigné dans les calculs mathématiques de M. de Moltke, nous voulons parler de l'*évacuation en masse*, de l'exode si l'on veut de la population parisienne non combattante, et cela de la manière et par les procédés que nous avons suffisamment exposés; mesures dont l'accomplissement aurait pu être complété avant l'investissement de Paris.

Le général se complaît à donner une idée très-développée de l'art savant employé par les Prussiens dans la construction de. leurs retranchements et de leurs travaux de siége, travaux qu'il considère comme tellement formidables que le général Ducrot se trouva dans l'impossibilité absolue de s'emparer d'un seul de ces retranchements le jour de l'attaque de Buzenval, fait mentionné par M. Trochu pour mieux faire valoir le mérite de la résistance qu'il assure avoir opposée aux sorties en masse, toujours demandées par la garde nationale et par le public.

Il nous suffira de deux seules observations pour apprécier la portée et la valeur des arguments du général relativement aux retranchements prussiens et aux sorties en masse. On peut s'étonner à bon compte, qu'un homme aussi profondément versé, selon l'opinion reconnue, dans la science militaire, que M. le général Trochu, qu'un homme qui sans cesse oppose la supériorité de la tactique moderne aux vieilleries de l'Empire, ait attendu pour connaître ce qu'il avait à redouter de la part des ingénieurs prussiens que l'impuissance de ses propres efforts vînt se briser contre les travaux des assiégeants; et, pour ce qui a rapport à l'opposition qu'il aurait faite aux sorties en masse, il suffira d'observer que les trois batailles livrées de plein gré par M. le général Trochu furent, par leurs résultats, aussi inutilement sanglantes qu'auraient pu l'être les sorties en masse auxquelles il dit n'avoir pas consenti. Nous n'avons pas besoin d'insister sur ce point, car nous avons consigné dans notre Journal assez de détails et assez de preuves pour qu'il ne puisse rester le moindre doute dans l'esprit de tout homme sensé, que les batailles livrées par M. le général Trochu furent des batailles *en pure perte.*

Abordant l'objection relative à ce qu'il n'avait pas de plan et qu'il agissait au jour le jour, le général nous révèle qu'il eut un plan dont on devait attendre les plus heureux résultats, plan dont il fait honneur à M. le général Ducrot. Ce plan consistait à avoir dirigé un corps d'armée de 50,000 hommes vers l'embouchure de la Seine, pour opérer en s'appuyant sur Rouen et le Havre, mouvement auquel se rattachaient l'ouverture des communications avec la mer et un projet de ravitaillement de Paris par la Seine ; le tout devant servir de base aux opérations ultérieures de l'armée de Paris, pour les lier à celles des armées qui s'organisaient dans le reste de la France.

Pendant deux mois, nous dit le général, il caressa ce savant projet pour l'exécution duquel tout se trouvait prêt vers le milieu du mois de novembre. Il l'avait cependant tenu secret pour tout le monde, même pour les membres du gouvernement, à l'exception de M. Jules Favre à qui il en avait fait part.

Mais cette importante opération militaire si mûrement élaborée, si laborieusement préparée, dut être abandonnée, sans que le général nous dise ce qu'il a fait pour que le fruit de ces deux mois de travaux ne fût pas perdu. Au moment où tout était prêt pour l'ouverture de la campagne dont la presqu'île de Gennevillers devait être le point de départ, on reçut à Paris la nouvelle du brillant avantage obtenu à Coulmiers par le général d'Aurelles de Paladine, événement dont le résultat fut la reprise d'Orléans et la retraite du corps bavarois commandé par le général de Thann. L'opinion publique s'élevait fortement alors, nous dit le général, en faveur d'une coopération immédiate de l'armée de Paris avec les vainqueurs d'Orléans. Ici la pensée du gouverneur de Paris, du général en chef de la défense, se trouve en lutte avec les vues et les préférences du jeune avocat envoyé pour renforcer la délégation de Tours et, chose étrange, le général qui se montre persuadé des errements de M. Gambetta, qu'il signale comme trop épris des traditions surannées de 1793, se plie aux exigences du bourgeois qui prétend jouer le rôle de Carnot, cède de son initiative, met dans sa poche son plan de campagne et se range à la suite du cortége qui bat des mains à la dévorante, mais stérile activité déployée par l'homme qui agitait et épuisait la France sans s'être montré pour cela capable de la sauver.

Il nous répugne de nous appesantir sur les fautes de M. le gouverneur de Paris, mais comment se refuser à l'étonnement qu'on éprouve en voyant l'homme de guerre, le penseur, le stratégiste, le général en chef, l'homme placé à la tête de la France s'effacer devant M. Gambetta dont toute la force morale était puisée dans l'exagération de son républicanisme outré, dans ses procédés destructeurs de la discipline militaire ?

C'était, du reste, répétons-le, la seconde fois, que l'homme de guerre subissant probablement l'influence du vieux proverbe : *Cedant arma togæ*, s'inclinait devant l'avocat-dictateur. La première fois, c'était à l'occasion de la nomination des officiers par les soldats de la garde mobile, et que nous allons rappeler à nos lecteurs.

Le public est, en effet, débiteur à M. le général Trochu de détails extrêmement curieux sur ses dissentiments avec M. Gambetta pendant les jours où ce dernier siégeait dans les conseils du gouvernement à côté du général. Ce fut au sujet de la libre élection par les gardes mobiles de leurs officiers, que le dissentiment éclata. Le général s'opposait fortement à ce que des troupes placées devant l'ennemi eussent à élire les officiers qui devaient les commander, mettant de côté, si tel était leur bon plaisir, les chefs qui leur avaient été donnés par le ministre de la guerre. Bien que l'opinion de M. Trochu fût soutenue par M. le général Le Flô, la majorité des membres du gouvernement donna raison à M. Gambetta et M. le général Trochu oublia, paraît-il, qu'il avait exigé de ses collègues que son opinion prévalût dans les cas graves ; il baissa la tête devant l'arrêt de l'aréopage de bourgeois qui, en matière militaire, imposaient leurs volontés aux hommes de guerre ; consentit au mauvais exemple que donnerait pareille mesure et, par surcroît de condescendance, autorisa le départ de M. Gambetta pour étendre aux armées de province la funeste influence qu'il venait d'exercer à l'égard de l'armée de Paris.

L'inconcevable faiblesse montrée en cette occasion par M. le gouverneur est d'autant plus remarquable qu'il nous apprend lui-même que, arrivé à Tours, M. Gambetta reconnut les inconvénients du changement des officiers de la garde mobile et annula la mesure relative à leur élection, mesure que quelques jours auparavant il avait imposée à M. le général Trochu.

Sentant lui-même les reproches dont il s'exposait à devenir l'objet, par ses excès de complaisance à l'égard de ses collègues, M. Trochu se défend de n'avoir pas donné sa démission dans la crainte que sa retraite ne fût taxée de lâcheté. Pareil scrupule a lieu d'étonner de la part d'un soldat pour lequel il y aurait toujours eu une place à occuper dans les rangs de l'armée, tandis que sa réputation n'avait, au contraire, rien à gagner à la conservation d'un commandement qu'il sentait ne pouvoir pas exercer selon sa conscience et sa manière d'apprécier l'intérêt public.

Ce fut, nous dit le général, en cédant à la pression de l'opinion publique et aux exigences de M. Gambetta, qui demandait à grands cris que l'armée de Paris allât à la rencontre de l'armée de la Loire, qu'il sacrifia son plan de campagne et se disposa à diriger du côté de l'est les opérations qu'il avait projetées dans la direction de la vallée de la Seine et des côtes de la Normandie. Ayant ainsi adopté le rôle d'auxiliaire de l'avocat parisien, le docte général écrivait à M. Gambetta, en date du 20 novembre, que, *coûte que coûte*, il allait opérer du côté de la Marne et il ouvrit en conséquence la campagne que signalèrent les sanglantes journées de Villiers et de Champigny.

Il doit nous être permis de penser qu'un général moins préoccupé de faire des concessions aux alliés qu'il s'était donnés plutôt dans l'intérêt de sa propre ambition que dans celui de la France, eût insisté auprès de M. Gambetta pour qu'il prêtât sa coopération au plan de campagne primitivement conçu par le général en chef de l'armée de Paris, car ce dernier ne nous explique pas ce qui l'empêcha d'insister pour que l'armée de la Loire, victorieuse à Orléans, se portât dans la direction de Rouen, afin de seconder d'une manière efficace les opérations qui, dans la pensée de M. Trochu, auraient pu donner pour résultat le ravitaillement de Paris.

Après nous avoir entretenus des circonstances qui amenèrent la non-réussite de sa tentative des premiers jours du mois de décembre pour le percement des lignes prussiennes, M. le général nous parle des opérations par lui entreprises le 21 dudit mois sur Bondy et contre les lignes ennemies, situées à la droite de la Marne. A ce sujet il nous apprend que jamais il ne pensa que la possession du plateau d'A-

vron pût avoir l'importance qu'on lui avait attribuée.

Il s'opposa, nous dit-il, énergiquement à son occupation, et s'il condescendit enfin à ce qu'elle s'effec-
tuât pour se prêter aux exigences dont il était entouré,
ce ne fut qu'en vue d'établir sur cette colline des batteries pour aider au mouvement qu'il fit exécuter
pendant cette période du siége sur le terrain dominé
par ce même plateau.

Il serait difficile de persuader à ceux qui ont été
témoins du siége de Paris que l'occupation des hauteurs dont il s'agit ne fût pas entreprise en vue de les
garder.

Nous avons longuement parlé, dans notre Journal, des travaux qui y furent exécutés, et c'est s'exposer à passer pour argumenter *à posteriori* que de
nous dire que l'occupation du plateau d'Avron ne
devait être qu'une chose momentanée, lorsque nous
avons été témoins pendant plusieurs jours des travaux sérieux entrepris pour fortifier cette localité·dans
laquelle on ouvrit des tranchées, on construisit des
redoutes et l'on établit un camp, le tout cependant
en pure perte, car le canon ennemi obligea M. le général à évacuer, avec précipitation, les hauteurs dont
l'abandon lui coûta une partie de son matériel.

En parlant de ses batailles et de ses stériles combats,
M. le général Trochu ne néglige aucune occasion de
porter aux nues le mérite des généraux et des chefs
placés sous ses ordres, de louer le zèle de tous ceux
qui ont contribué aux travaux de la défense, de se
donner comme l'admirateur passionné des généraux
qui opéraient dans les départements, tactique à la
vérité fort habile, car elle ne peut manquer de lui
rendre favorables les hommes qu'il caresse, en même
temps qu'elle doit disposer à l'indulgence ceux qui lui
seraient hostiles.

Une fois qu'il eut perdu l'espoir d'être secouru par les armées de province, dès qu'il reconnut l'inutilité des efforts à diriger contre les lignes prussiennes, le général se flatta, nous dit-il, de l'espoir d'attirer l'ennemi en plaine, comptant bien que, dans une lutte corps à corps, l'infanterie française lutterait sans désavantage contre l'infanterie allemande. Pareil aveu est vraiment précieux, car il nous fournit une preuve nouvelle et la plus concluante que nous eussions pu invoquer à l'appui de ce que nous avons avancé dans notre Journal, relativement à la faute immense commise dans la journée du 30 octobre.

Le général nous dit qu'il aurait regardé comme une circonstance tout à fait heureuse que les Prussiens se fussent décidés à accepter une bataille en rase campagne. Mais ce coup de fortune que M. le général Trochu chercha vainement, dit-il, dans les derniers jours du mois de décembre, s'était offert à lui le jour où les Prussiens reprirent le Bourget. Ce jour-là, les masses allemandes descendirent dans la plaine et offrirent au général l'occasion de la bataille après laquelle il soupirait. Les colonnes ennemies couvrirent le terrain voisin des lignes françaises et nul doute qu'elles n'eussent accepté l'engagement, car les Prussiens se montraient décidés à s'emparer, coûte que coûte, de la position par eux perdue trois jours auparavant.

Comment ne vint-il pas à l'idée de M. le général Trochu que cette occasion, négligée par lui, serait peut-être la seule que la fortune lui offrirait pour tenter de combattre, avec des forces concentrées, dans le voisinage des forts et sous la protection de leurs canons ?

On est frappé, en écoutant le général Trochu, de la lucidité de sa stratégie théorique, de la supériorité qui le distingue soit comme orateur, soit comme écrivain. Mais à la contre-épreuve qui doit nous montrer à l'œuvre l'homme de guerre opérant sur le champ de bataille, on ne trouve plus en lui l'inspiration, le coup d'œil, la faculté de diriger et d'entraîner qui distingue le vrai capitaine.

Le général nous dit qu'il n'y avait plus rien à faire, plus rien à concevoir ni à tenter le jour où les assiégeants commencèrent à bombarder Paris. Il est possible d'avoir à constater ici encore la contradiction qui existe entre les théories et les faits de M. Trochu. Il nous dit qu'on ne pouvait plus penser à une offensive qui pût conduire au moindre résultat utile, et cependant il prépare ou, du moins, il laisse faire la sortie du 19 janvier qu'il appelle lui-même le « COUP DU DÉSESPOIR », journée qui coûta la vie à un si grand nombre de pères de famille, sacrifiés à l'injustifiable projet d'exécuter ce que le général nous dit n'être pas exécutable, car il reconnaît, une fois de plus, qu'il n'y avait pas d'espoir d'arriver à Versailles en perçant les lignes prussiennes.

M. le général ne cesse de nous parler, dans son long discours, de ses sentiments humanitaires et chrétiens. Mais comment concilier, se demande-t-on, de pareils sentiments avec le manque de fermeté dont il donna le triste exemple, en consentant à une sortie qui ne pouvait manquer d'être aussi désastreuse que les sorties auxquelles il se fait honneur d'avoir résisté, dans son ardent désir d'épargner le sang des défenseurs de Paris?

M. Trochu cherche à expliquer les désastres de la triste journée du 19 janvier en les attribuant en partie à l'inexpérience et à l'absence de sang-froid des bataillons de marche de la garde nationale. Il rend hommage à l'incontestable valeur personnelle des individus, mais il ajoute que, surchargés d'inutiles effets de campement, opérant avec confusion, ils firent feu sur leurs camarades et même sur l'escorte du général dont un des aides de camp tomba percé de leurs balles. Nous avons longuement relaté dans notre Journal les événements de la journée dont il s'agit ; nous y établissons avec preuves à l'appui, le manque de direction, de simultanéité et d'ensemble qui caractérisa les mouvements des colonnes ; nous constatâmes que des divisions et des brigades de la garde nationale se virent isolées, ne reçurent pas d'ordres et se trouvèrent sans savoir où porter leurs pas au moment même où plusieurs de leurs corps venaient de remporter des avantages dont on aurait pu profiter. Les bataillons qui opérèrent du côté de Montretout, ne virent de toute la journée pas un seul officier d'état-major qui leur apportât des ordres ou les instruisît de ce qui se passait ailleurs. Abandonnés à eux-mêmes pendant toute la journée, ces bataillons quittèrent de leur propre mouvement les positions avancées qu'ils avaient occupées, et bien leur en prit, car, s'ils ne se fussent pas retirés d'eux-mêmes, ces braves seraient restés prisonniers en bloc entre les mains de l'ennemi. Nous avons entendu les plaintes des officiers et des gardes nationaux sur l'absence de direction durant cette triste journée ; nous avons été témoin de leur désappointement de voir s'évanouir l'espoir du triomphe qui les avait animés en franchissant l'enceinte de la ville. Nous n'en dirons pas davantage, nous nous en rapportons à ce que nous avons consigné dans notre Journal. Après l'avoir lu on ne saurait hésiter à faire retomber sur qui de droit la responsabilité des désastres de la journée.

Pour ce qui regarde l'inexpérience des mobilisés, remarquons que très-peu de bataillons de marche furent engagés. Le plus grand nombre ne fut pas conduit au feu et quant au manque d'éducation militaire qui leur était reproché, il doit être attribué au retard mis à les enrégimenter et à les organiser plutôt qu'à une certaine négligence de leur part. Si, dès le commencement d'octobre, on les eût réunis dans les camps d'instruction, et on les eût associés au grand mouvement de terre auquel on ne songea jamais sérieusement, si on eût pratiqué les sorties quotidiennes à l'abri des tranchées, opérations que les officiers d'état-major jouissant d'une grande autorité dans les armées étrangères ont unanimement déclaré avoir pu être entreprises dès le mois de septembre, on n'aurait jamais eu à se plaindre de l'inefficacité du concours des bataillons de marche et l'on n'aurait pas eu non plus probablement à regretter le malheur signalé par M. le général et qui coûta la vie à un de ses aides de camp. D'ailleurs ce fait déplorable n'aurait jamais pu se produire si, dans la sortie du 19, on n'eût pas négligé une précaution que conseillait le plus simple bon sens, à l'égard de soldats improvisés : je veux parler de l'adjonction aux bataillons de marche d'officiers d'état-major, connaissant les positions de l'ennemi et celles de l'armée de Paris, officiers dont la vigilance eût suffi pour empêcher l'accident survenu. Cela eût été plus équitable que de dénoncer des malheurs qu'on eût pu facilement éviter.

M. le général répète sans cesse qu'il s'opposa à ce que la garde nationale fût mobilisée et conduite hors de l'enceinte. Après une pareille déclaration, on a droit de s'étonner que le général ne sente pas en lui-même jusqu'à quel point il aggrave sa responsabilité par son consentement à l'enrôlement des habitants de Paris en bataillons de marche. Lui, homme si logique, comment ne s'aperçut-il pas de la difficulté d'échapper aux reproches soit de faiblesse, soit d'inhabileté ; dans le premier cas pour avoir consenti à la mobilisation, s'il ne la jugeait pas utile ; dans le second pour n'avoir pas employé toute l'activité nécessaire à la rendre prompte, complète et efficace ? Il est surtout inexcusable qu'un homme de guerre, après avoir adopté l'idée de former une armée dans Paris, n'y ait pas procédé dès le début du siége, au moyen d'un recrutement vigoureux, général, inexorable, qui eût fourni à l'armée des centaines de milliers de bras résolus, au lieu de ces légions d'émeutiers formées et enrégimentées sous les auspices ou du moins avec le consentement de M. le général Trochu, lequel, à notre grand étonnement, finit par se poser en victime, se plaignant que, dans les dernières semaines du siége, son autorité morale eût été amoindrie par les intrigues de ses collègues pour lui trouver un successeur.

M. le général est mal servi par sa perspicacité habituelle dans la recherche de la cause de l'affaiblissement de son autorité. La méfiance qu'il signale, loin de se borner aux membres du gouvernement, était partagée par l'immense majorité du public, elle était la conséquence naturelle de la réaction qui suit les grands désappointements.

L'homme qui, en septembre, n'eut pas de peine à obtenir de ses collègues l'assurance que son initiative ne lui serait pas disputée, l'homme dont l'ascendant sur l'esprit public ne connut pas de bornes, tant qu'on conserva l'illusion de trouver en lui le pilote sûr et expérimenté, capable de conduire à bon port la fortune de la France ; ce même homme en était arrivé en janvier, à lasser la confiance de ses concitoyens et de ses admirateurs même.

On ne croyait plus à la réalisation des espérances qu'on avait placées en lui et, après le désenchantement de la journée du 19 janvier, il était aussi difficile, pour M. Trochu, de conserver son commandement, qu'il l'avait été pour l'Empereur de conserver sa couronne après Sedan.

La dernière partie du discours du général est consacrée à démontrer les causes auxquelles, selon lui, doit être attribuée l'insurrection communiste et à ce propos, soucieux de ne jamais s'oublier lui-même, il nous fait entendre qu'il sut contenir l'explosion du socialisme pendant toute la durée du siége, tâche à laquelle ont failli les hommes qui lui ont succédé au pouvoir.

M. Trochu se montre vraiment infatigable à réunir laborieusement les matériaux qu'il juge les plus propres à grossir le volume du piédestal qu'il s'efforce d'élever à son propre honneur. Nous-même, nous nous sommes complu, pendant le siége, comme le témoigne notre Journal, à apporter notre pierre d'approbation et de louange à l'homme dans lequel nous avions placé une entière confiance, mais notre devoir d'historien probe, la vérité que l'on doit au public, l'emportent sur les égards commandés par les considérations de bienveillance et d'estime privée, et, orsque la triste capitulation de Paris vint dessiller nos yeux, nous ne pûmes nous soustraire à la nécessité de clore notre livre par un jugement raisonné de la campagne dont nous avions été le témoin. Ce jugement peut ne pas paraître indulgent, mais nous ne croyons pas qu'il puisse être qualifié de passionné ni d'injuste.

Notre responsabilité morale se trouvant ainsi liée à l'opinion que nous avions émise dans notre livre, nous ne pouvions demeurer indifférent en la voyant contestée et mise en doute sous l'influence de l'éloquence de M. le général Trochu. Obéissant au sentiment de cette responsabilité, nous avons dû faire un supplément à notre livre ; nécessité à laquelle nous n'avons pu nous soustraire même au risque de nous heurter contre les beaux sophismes employés par le général, dont le brillant esprit que nous admirons, n'a pu cependant nous décider à nous rendre complice de sa fausse gloire.

Ne pouvant pas méconnaître que l'insurrection du 18 mars prend directement sa source dans la situation où le gouvernement de la défense nationale avait placé la population de Paris, c'est-à-dire à l'état d'armement en masse et d'organisation militaire, situation qui a fait naître, dans les chefs du parti socialiste, la pensée de profiter d'éléments aussi favorables à leurs vues, M. le général ne recule pas devant la difficulté d'aborder l'examen des causes qui, selon lui, ont déterminé la lutte fratricide dont a été victime la ville de Paris. Ne pouvant se refuser à l'évidence que son gouvernement avait légué à celui qui lui a succédé l'obstacle de la toute-puissance de l'esprit révolutionnaire, cause principale du second siége, M. Trochu soutient doctement que, s'il n'étouffa pas cet esprit de révolte dont il prévoyait les dangers, c'est qu'il n'avait pas à sa disposition la force nécessaire pour le réprimer énergiquement.

Nous regrettons sincèrement que, pour répondre à pareille assertion, il nous faille employer un argument qui peut paraître avoir quelque chose de personnel. Mais, quand on parle au public, on lui doit la vérité, dont les droits souvent exigent le sacrifice de nos plus chers sentiments.

Remplissant donc ce douloureux devoir, nous dirons à M. le général Trochu, ce qu'un homme de sa vaste érudition aurait dû se dire à lui-même : Que, quand on accepte de se mettre à la tête d'une révolution, on est tenu de la diriger, de l'inspirer, d'empêcher qu'elle ne s'égare, rôle difficile il est vrai, mais qu'un homme vraiment consciencieux n'accepte jamais s'il ne sent pas en lui-même toute la force morale nécessaire pour la remplir, s'il n'est pas doué d'assez de résolution et d'énergie pour payer de son existence l'échec de son dévouement.

M. le général se fait gloire d'avoir contenu pendant quatre mois et demi la démagogie armée, mais il aurait dû également reconnaître d'où lui est venu le pouvoir qui lui a permis d'opérer ce miracle. Ce pouvoir, il le tenait de la confiance de la grande majorité du peuple parisien qui avait fait du général son idole, dans l'espoir que, dirigée par lui, la lutte aurait une issue honorable, et qui le regardait comme une seconde providence à laquelle il s'était entièrement livré.

Le général nous apprend qu'il fut obligé de s'adresser aux maires pour opérer l'armement de la population et que c'est à eux qu'incombe la responsabilité d'avoir distribué des armes à des individus indignes de les porter. Ici nous sommes encore obligé, toujours à notre grand regret, d'adresser une nouvelle interpellation à M. le général. Qui l'empêchait, lui demanderons-nous, de donner à Paris en état de siége, l'organisation politique et administrative qu'il eût jugée la plus utile aux intérêts de la défense ? Il fut entièrement maître de le faire le lendemain du 4 septembre. Tout le monde se serait prêté à ses désirs ; personne n'aurait osé lui résister, le général exerçait de fait la plus absolue de toutes les dictatures, celle que confère la popularité qui suit un nom entouré de ce prestige, qui assure la faculté de tout se permettre en France, à l'homme que l'opinion a choisi comme son drapeau. Ce n'est donc pas aux municipalités, mais bien à lui-même que le général doit attribuer le relâchement, la condescendance, le manque d'énergie qui ont livré des armes à ceux qui n'auraient jamais dû en posséder.

Plus grand est encore l'étonnement auquel le général paraît se livrer en apprenant que, dans les rangs de cette garde nationale dont il n'aurait pu contrôler le développement ni surveiller l'organisation, se trouvaient 25,000 criminels et repris de justice, mais cet étonnement quelque grand qu'il soit, reste bien au-dessous de celui qu'on éprouve en apprenant que semblable désordre ait été toléré par l'homme qui ne consentit, nous dit-il, à accepter la présidence du gouvernement de la défense nationale, qu'après avoir exigé de ses collègues l'assurance QU'ILS CROYAIENT EN DIEU.

Parmi les causes qui, au dire du général, ne lui permirent pas d'employer, aussi avantageusement qu'il l'eût voulu, les troupes placées sous son commandement, il signale *la licence, l'indiscipline, l'ivrognerie,* auxquelles se livraient également les soldats de la ligne, les gardes mobiles et les gardes nationaux, inconvénient que venait aggraver la nécessité de faire stationner les troupes dans les villages de la banlieue.

Il suffira pour apprécier la valeur de la principale des causes auxquelles le général attribue l'affaiblissement de ses moyens de défense de faire observer que les soldats allemands n'aiment pas moins le vin que les soldats français et cependant cette passion n'empêcha pas que la sobriété et la discipline ne régnassent dans le camp des assiégeants, et pour ce qui a rapport à la difficulté de la surveillance à exercer sur les troupes cantonnées hors de l'enceinte de Paris, nous ferons encore observer que, si la présence de leurs chefs était nécessaire pour améliorer le moral de l'armée, rien n'empêcha M. le général de planter sa tente au milieu des cantonnements, au lieu d'habiter le palais du Louvre.

Il signale également comme symptôme grave qui

affecta le moral de l'armée de Paris, l'ardeur dont se montrèrent remplis les bataillons de marche dès que leur organisation eut été complétée. Ces hommes se croyaient invincibles, nous dit le général, et leur morgue suscita des rivalités dont le service dut se ressentir.

Nous aurions été curieux de pouvoir surprendre le sourire sarcastique de M. le comte de Moltke au moment où il lisait cette partie du discours de M. le général Trochu. Le grand stratégiste a dû être surpris de l'embarras, que la trop grande ardeur des gardes nationaux causait au général français, et pas plus lui que la plupart des hommes du métier de n'importe quelle nation, n'aurait certainement pas hésité à trouver un utile emploi à la susceptibilité guerrière des mobilisés, cet emploi eût-il dû se borner à leur faire remuer de la terre, la plus importante des opérations dont la défense avait à s'occuper et que malheureusement le général négligea toujours.

Le discours rappelle la journée du 31 octobre, dans le but de repousser le soupçon de faiblesse qui planait sur le gouvernement pour n'avoir pas fortement sévi contre les auteurs de l'émente. Le général Trochu établit que, d'après la manière dont les choses se passèrent pour en arriver à la délivrance des membres du gouvernement momentanément prisonniers à l'Hôtel de ville, il y eut de fait une espèce de transaction, circonstance qui ayant pesé sur la situation du gouvernement, ne lui permit pas de traiter entièrement en vaincus les chefs du mouvement.

Ce n'est certainement pas notre faute si nous avons à reparler de cette triste journée dont la responsabilité doit grandement retomber sur le général Trochu.

Parmi les causes qui, ce jour-là, contribuèrent le plus directement à l'irritation des esprits, la reprise du Bourget par les Prussiens est entrée pour beaucoup et nous en avons dit assez sur ce fait d'arme pour que l'on sache à quoi s'en tenir sur la part qui en revient au général en chef de l'armée de Paris; mais, sans nous y appesantir, il est certain qu'avec un peu plus de prévoyance et un peu moins de confiance en lui-même, le général ne serait pas tombé entre les mains des émeutiers auxquels il se livra bénévolement, en se rendant à l'Hôtel de ville sans avoir songé à appeler autour du siége du gouvernement la force publique qu'il avait à sa disposition. Les mêmes bataillons de gardes nationaux qui, dans la soirée, tirèrent le général et ses collègues d'entre les mains de MM. Flourens et Blanqui, les auraient empêchés d'y tomber, si, dès le matin, les bataillons de garde mobile et de gardes nationaux, qui dans la nuit mirent fin à l'émeute, avaient été convoqués. Mais M. le général se persuada que sa personne suffirait pour inspirer le respect aux émeutiers et s'aventura naïvement parmi eux, au risque de se couvrir de ridicule, de se faire siffler et d'être retenu au violon, jusqu'au moment où le commandant Ibos vint le délivrer à la tête de son bataillon.

Une révélation fort importante nous est faite par M. le général Trochu dans son discours, révélation dont l'histoire est tenue de dégager la vérité. Le général semble croire qu'il exista des intelligences entre les socialistes et les émeutiers de Paris d'une part, et le camp ennemi de l'autre. Il affirme en avoir acquis la certitude par les révélations de l'un des chefs de l'Internationale, révélations qui lui furent faites dans des circonstances qui lui en garantissaient la sincérité. Les conspirateurs qui ne cessèrent de tramer leurs complots pendant toute la durée du siége, recevaient

leurs instructions de l'étranger, nous assure le général, lequel nous apprend en outre que les fusils
dont étaient armés plusieurs des bataillons de Belleville, ne provenaient pas des magasins du gouvernement et devaient, par conséquent, avoir une origine
clandestine.

L'importance de semblables révélations s'accroît
par le fait des indications venues de sources différentes et affirmant que le pétrole employé par les
communistes pour incendier Paris était tiré, sinon
en totalité, du moins en partie, des dépôts de ce
combustible que possédaient les Prussiens dans leurs
cantonnements autour de Paris.

Il suffit de consigner un fait de cette importance,
dont nous aimons mieux douter que de lui accorder
créance, mais au sujet duquel il n'était pas possible
de garder un silence absolu, dès que des indications
de semblable nature ont trouvé place dans le discours
de M. le général Trochu.

Nous citerons comme dernier renseignement fourni
par lui sur les tristes et déplorables circonstances
qu'ont signalées le second siége, que l'assassinat du
général Clément Thomas avait été une vengeance
des socialistes de Belleville contre la louable sévérité
avec laquelle le général avait signalé, dans plusieurs
de ses ordres du jour, la lâcheté et l'indiscipline des
bataillons composés de ces implacables sectaires.

Nous sommes arrivé au terme de notre examen
critique du discours de M. le général Trochu, et nous
laissons à la conscience publique le soin d'apprécier
si nos jugements ont obéi à une autre influence qu'à
celle de la plus stricte impartialité.

Le long et éloquent discours de M. le général se
résume dans un acte d'accusation contre l'Empire
qu'il rend responsable de tous les malheurs de la

France, accusation suivie du panégyrique le plus absolu du gouvernement de la défense nationale auquel
il faudrait élever un monument triomphal comme la
récompense due aux quatre mois et demi de siége qui
ont abouti à la capitulation de Paris.

C'est au public à juger lequel a raison de l'éloge
personnel ou de la critique impartiale.

Paris. — Imprimerie Blanpain, 14, rue Delambre.

9 782012 969742